哲学の解剖図鑑

小須田 健
Ken Kosuda

X-Knowledge

はじめに

ルネサンス期の哲学者フランシス・ベーコンに「知は力なり」ということばがあります。発明と発見の相次いだ当時にあって、机上の空論にすぎないトリビアルな知識としての学問の無力を説き、私たちの生活を変え、よりよくするパワーをもった学問の必要性を訴えたそのことばは、こんにちでも「実学志向」というかたちで生きています。そのかぎりでベーコンの先見性には眼を瞠《みは》らされます。また、それにしたがうなら、眼に見えるかたちでの実効性も計量可能な生産性ももたない哲学など、まさしく「虚学」としていつ死亡宣告が出されてもおかしくありません。

その一方で、不況の時代には哲学がはやるという話も聞きます。そうしたときには、金銭のような数や量で測れないことがらへの関心が高まるということなのかもしれません。悩みや不安の内容はひとの数だけ千差万別で、一律に当てはまる解はありません。ただひとつの正解に到達することなく、ひたすらあれこれと考えつづける哲学が求められる理由の一端はそのあたりにありそうです。

といって、どの時代のどの哲学者の著作がそのひとにフィットするかは予測できません。たいていのばあい、なにをどう考えたらよいかもわからないからこそ、不安であり懊悩《おうのう》も深いということなのでしょう。正しく問いが立てられれば、答えはもうほぼ手にはいったも同然だということばもあります。そもそも哲学書を手にとるということ自体が多くのかたにとっては敷居の高いことかもしれません。そこに入門書の意義もあるのでしょう。

通常の哲学入門書は、編年体スタイルのものが大半です。そこでは古代から時代を追って、現代にいたるまでのさまざまな哲学者・思想家の考えがコンパクトに紹介されています。もちろん、そうしたスタイルには思考の通時的な展開過程が見わたせるといったいくつものメリットがあります。ですが、本書では敢えてそのスタイルは採らず、身近に思われる出来事に潜《ひそ》むさまざまな問題をめぐって、これまで哲学でどのような思索が繰りひろげられてきたかを、ごく概略的ながら紹介することを試みました。もちろん、紙幅にはかぎりもあり、ほんのわずかなテーマしか扱えませんでした。ですが、本書がきっかけとなって、実際のあれやこれやの哲学者の著作に手を伸ばしていただければ、筆者としてこれに勝る喜びはありません。

5分で学ぶ
哲学史
1

世界のしくみを知るために生まれた古代哲学

（前6〜後6世紀ごろの哲学）

ヘラクレイトスなど自然哲学者

紀元前6世紀ごろ

神をもちだすことなく、世界を理解しよう！

↓

ソクラテス

紀元前5世紀

自然よりもまず、自分自身の精神世界が大事！

↓

アリストテレス

紀元前4世紀

精神も大切だけど、自然を把握することもやっぱり重要さ！

哲学は、紀元前6世紀ごろの古代ギリシャで、この世界（自然）のしくみを理解しようとするいとなみとして誕生しました。

それに対してソクラテスは、自然の世界よりも、自分に何が知りうるのかをさきに吟味しておく必要があると考えました。存在論から認識論への根本的な方向転換を提唱したのです。さらにその弟子プラトンは、現世のレベルを超えた真実在（※1）の次元を視野にいれる形而上学（※2）への道を切り開きました。

こうした古代の哲学を整理する役割を果たしたのがアリストテレスです。

その後、キリスト教が浸透したローマ世界でも、プラトンの哲学を独自に解釈した**新プラトン主義**（※3）が登場します。

※1：個々の事物とは区別されるそのもの自体のこと。イデアと呼ばれる。
※2：「形而上」とは「かたちあるもの（自然）を超えた」という意味。自然を超えた次元を探求する学問のこと。

5分で学ぶ 哲学史 2

哲学と神学の融合をめざした中世哲学

（6～14世紀ごろの哲学）

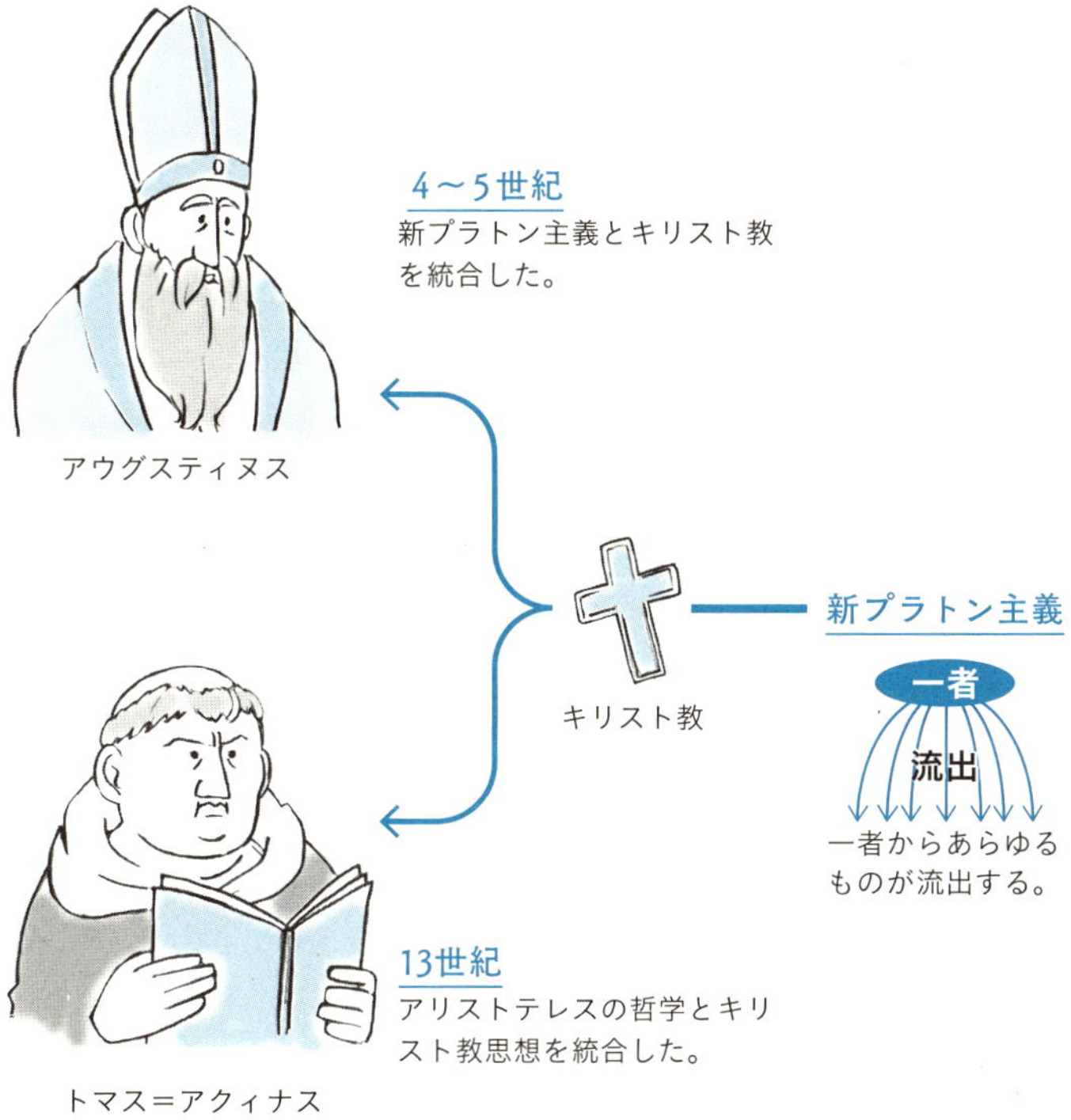
4～5世紀
新プラトン主義とキリスト教を統合した。
アウグスティヌス
キリスト教
新プラトン主義
一者
流出
一者からあらゆるものが流出する。
13世紀
アリストテレスの哲学とキリスト教思想を統合した。
トマス＝アクィナス

ローマ世界に浸透したキリスト教は、ギリシャ哲学と結びついてさまざまな哲学を生み出しました。死者の復活を説く非合理的なキリスト教の教えを正当化するうえで、哲学的思考が役に立つ面があったのです。

その筆頭が、新プラトン主義の思想をキリスト教に持ち込んだ教父（※4）アウグスティヌスですが、中世においてはトマス＝アクィナスが、イスラム経由で入ってきたアリストテレスの哲学とキリスト教神学の融合をめざしました。

ルネサンス以降、形而上の世界は神学に委ねられ、地上世界の解明は自然科学的思考の領分として哲学から分化してゆきます。それらを総体として統一的に理解することが哲学の使命となりました。

※3：キリスト教の世界観にプラトン哲学を折り込むかたちで生まれた哲学。万物の根元を一者と呼び、この存在からあらゆるものが流出すると説いた。
※4：ラテン語やギリシャ語でキリスト教の研究書を著した神学者のこと。

5分で学ぶ
哲学史
3

これまでの常識をくつがえした近代哲学

（16～19世紀ごろの哲学）

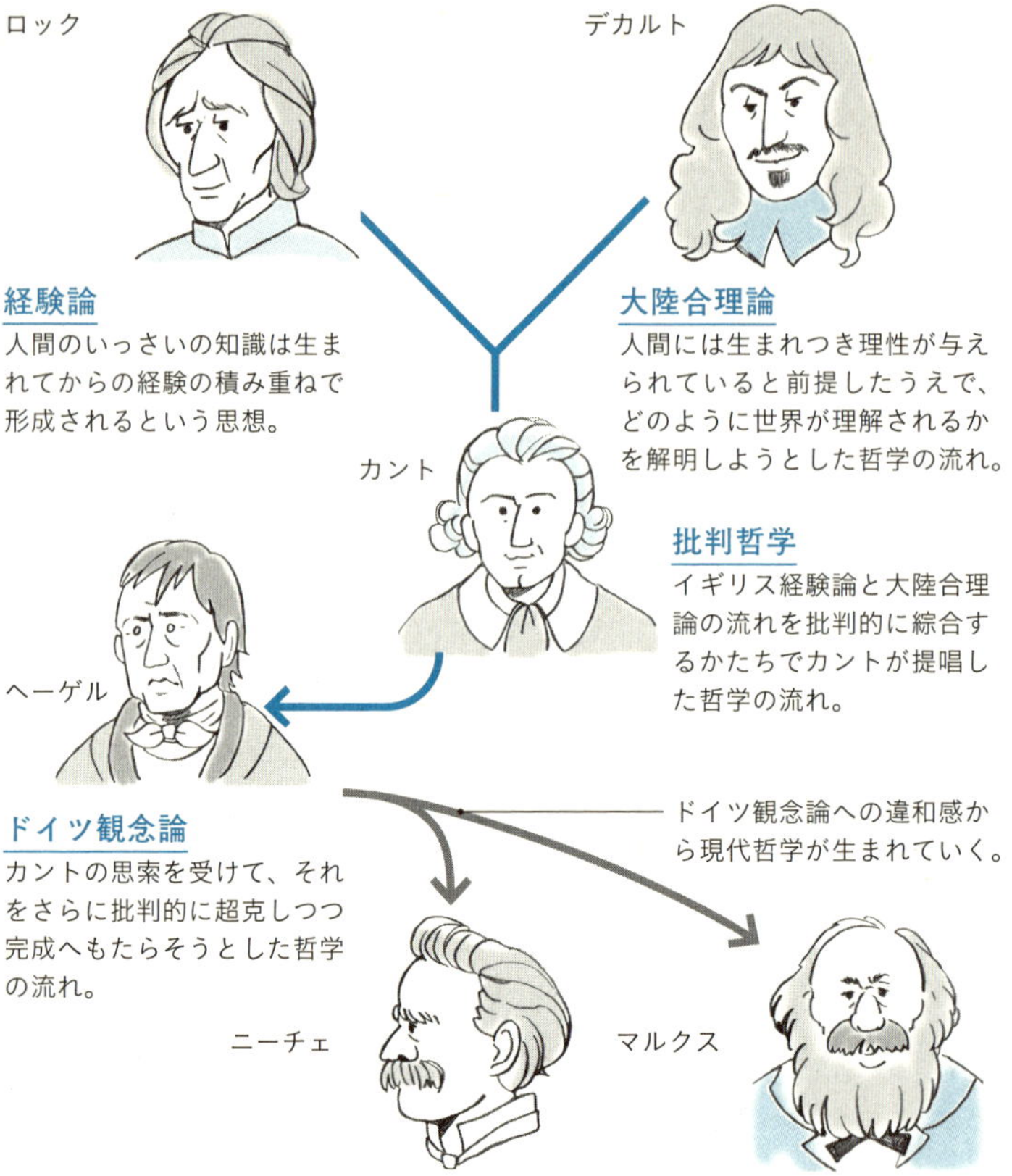
ロック
デカルト
経験論
人間のいっさいの知識は生まれてからの経験の積み重ねで形成されるという思想。
大陸合理論
人間には生まれつき理性が与えられていると前提したうえで、どのように世界が理解されるかを解明しようとした哲学の流れ。
カント
批判哲学
イギリス経験論と大陸合理論の流れを批判的に綜合するかたちでカントが提唱した哲学の流れ。
ヘーゲル
ドイツ観念論
カントの思索を受けて、それをさらに批判的に超克しつつ完成へもたらそうとした哲学の流れ。
ドイツ観念論への違和感から現代哲学が生まれていく。
ニーチェ
マルクス

デカルトから近代哲学は始まったと言われます。哲学の主流は人間には生まれつき理性があると考えた「**大陸合理論**」でしたが、イギリスでは、人間はすべてを後天的に獲得すると考える「**経験論**」がおこります。

この双方を統合し、それまでの哲学とは180度異なる発想を提唱した（※）のがカントです。人間の感覚機能が認識と理性の土台をつくるというのです。カント哲学に時間性を導入したヘーゲルが、**ドイツ観念論**を完成させましたが、そのヘーゲルへの違和感から現代哲学の芽が生まれたのです。

その口火を切ったのがヘーゲルの時間理論に疑問を抱いたマルクスと、人間の理性自体に疑問を抱いたニーチェでした。

※：カントはこれをコペルニクス的転回と自称した。

5分で学ぶ
哲学史
4

社会状況に寄り添う現代哲学

（20世紀ごろ〜現在までの哲学）

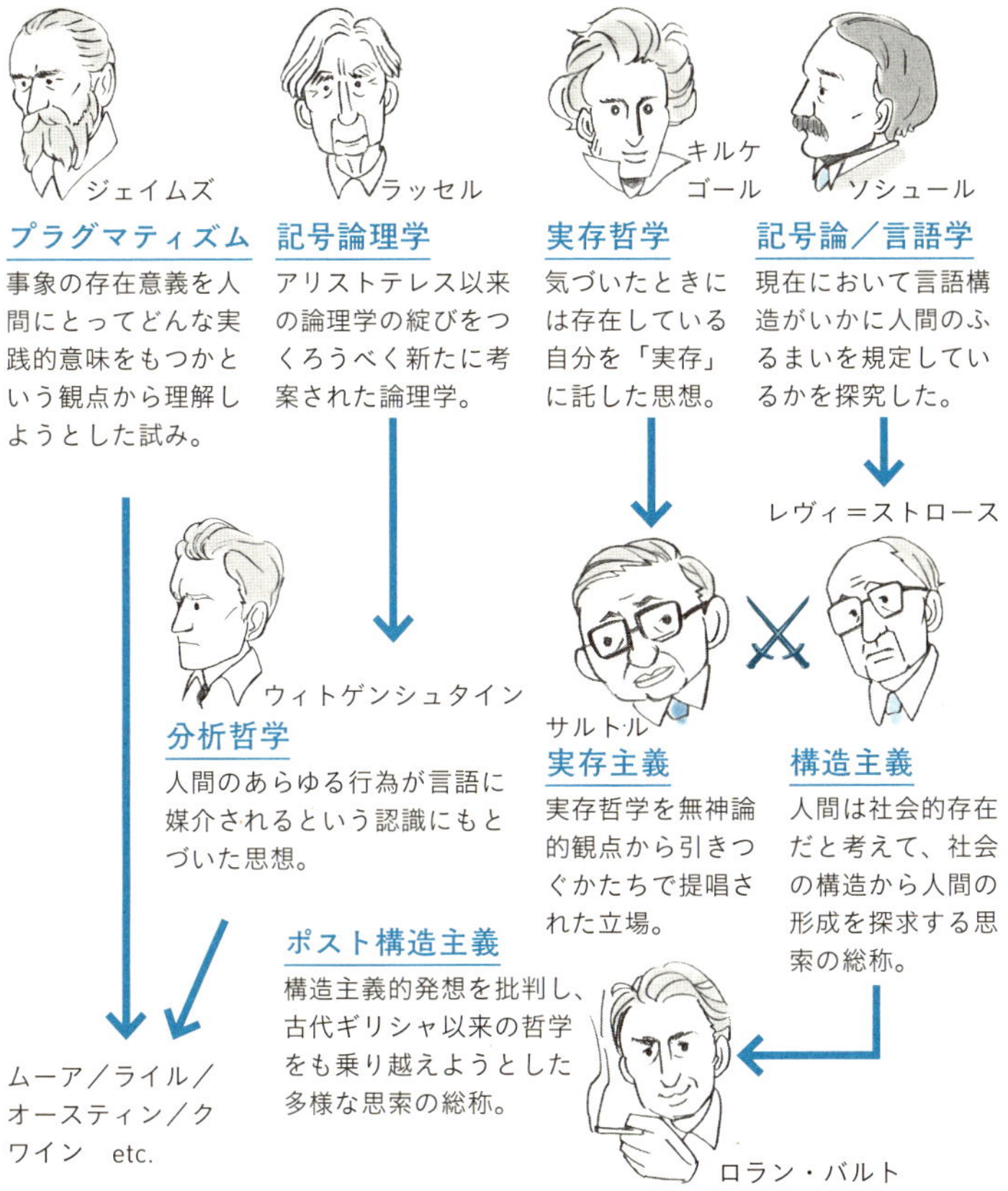
ジェイムズ
プラグマティズム
事象の存在意義を人間にとってどんな実践的意味をもつかという観点から理解しようとした試み。
ラッセル
記号論理学
アリストテレス以来の論理学の綻びをつくろうべく新たに考案された論理学。
キルケゴール
実存哲学
気づいたときには存在している自分を「実存」に託した思想。
ソシュール
記号論／言語学
現在において言語構造がいかに人間のふるまいを規定しているかを探究した。
ウィトゲンシュタイン
分析哲学
人間のあらゆる行為が言語に媒介されるという認識にもとづいた思想。
サルトル
実存主義
実存哲学を無神論的観点から引きつぐかたちで提唱された立場。
レヴィ＝ストロース
構造主義
人間は社会的存在だと考えて、社会の構造から人間の形成を探求する思索の総称。
ポスト構造主義
構造主義的発想を批判し、古代ギリシャ以来の哲学をも乗り越えようとした多様な思索の総称。
ロラン・バルト
ムーア／ライル／オースティン／クワイン　etc.

哲学の世界地図にアメリカが登場したのは最近のことです。実用性をモットーとする**プラグマティズム**がその嚆《こう》矢《し》となりました。ヨーロッパの記号論や言語学がイギリスの**記号論理学**を経由してアメリカに流れ込み、**分析哲学**の系譜も生まれました。

19世紀のキルケゴールに由来する**実存哲学**は人間の意志的存在を重視する考えかたで、第一次大戦後のドイツ、ついで第二次大戦後のフランスで実存主義として流行します。

さらに、意志は社会構造に規定されると考えた**構造主義**、そして人間存在の根本に疑義を呈した**ポスト構造主義**といった思想へと展開され、混迷する現代社会を分析していったのです。

目次

2章 言葉を考える

3章 人生を考える

4章 正義を考える

5章 社会と世界を考える

6章 「本当のこと」を考える

7章 神と芸術を考える

column

Staff
イラスト　伊藤美穂
デザイン　細山田デザイン事務所［米倉英弘］
DTP　ミカブックス
印刷　図書印刷

本書の見方

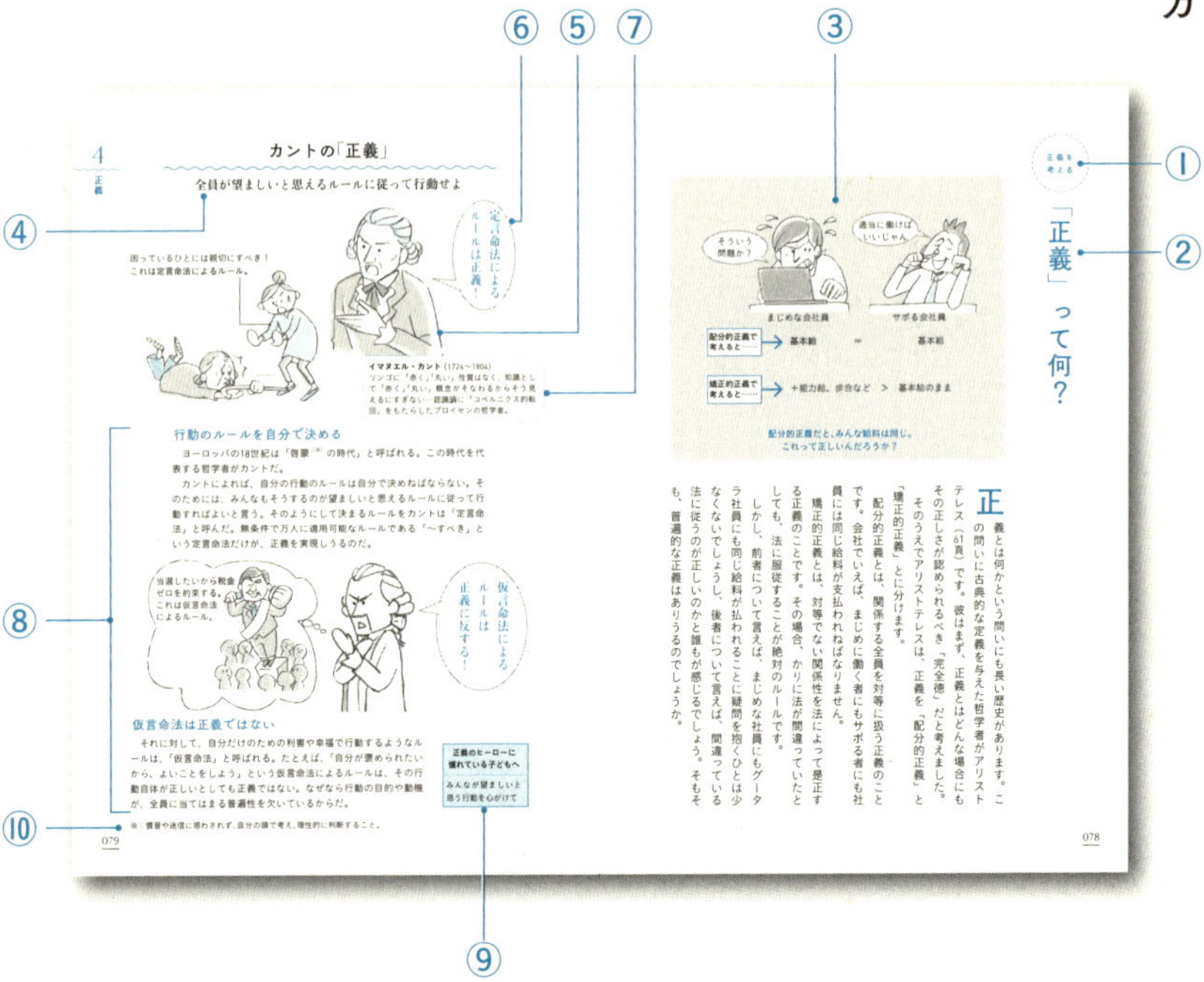

①**テーマ**　さまざまな疑問を章ごとに分類

②**タイトル**　テーマに沿った具体的な疑問

③**イメージイラスト**　疑問のイメージをイラストや図解で紹介

④**見出し**　疑問に対する哲学者の考えのまとめ

⑤**哲学者イラスト**　哲学者を似顔絵で紹介

⑥**吹き出し**　哲学者の言葉、もしくは考えをまとめた一言を紹介

⑦**プロフィール**　哲学者のプロフィールを紹介

⑧**解説**　疑問に対する哲学者の考えをイラストや図解、文章で解説

⑨**ワンポイントアドバイス**　さまざまな悩みに効く哲学者の考えを紹介

⑩**脚註**　専門用語などの補足説明

1章

身近なギモンを考える

普段は気に留めることもないほど当たり前に存在している「時間」、「学校」、「身体」……。そんな身近にある不思議を掘りさげていく。

身近なギモンを考える

「ときが流れる」とはどういうこと？

過去はさっきまでの現在、未来はこれからの現在……。
私はいったいどこにいるの？

哲学の役割の一つは、日常生活に潜んでいる不思議を掘りさげることです。

さて、日常生活のなかで、何もしなくても、どんどんなくなるものがあります。なんでしょう。「時間」です。一度失敗したら、二度とやり直しはできません。

いま、あなたがこの文章を読んでいるあいだにも、時間は経過します。では、さっきまで「現在」だった時間は、いまはどこにあるのでしょうか。どこにもありません。では、さっきまでの「現在」は、いつ「過去」になったのでしょうか。

これが「ときが流れる」ということです。

「空間」は、いま確かに眼前に広がっています。しかし、どこにも実在を確認できない「時間」を、空間と同じように扱い、空間内のものと同列に「ある」とか「ない」とかと言えるのでしょうか。

これまで、さまざまな哲学者がこの問題を考えてきました。そのうちのいくつかを見てみましょう。

アウグスティヌスの「時間」

ひととのかかわりのなかで過去・未来が生まれる

唯一存在する現在の
記憶や予測で成立する

時間の謎に挑んだ最初のひと

時間の謎に挑んだ最初の哲学者の1人が、ラテン教父（5頁）のアウグスティヌスだ。彼は自身の半生を回顧した著書『告白』で、こう述べている。

「時間とはなんであるか。誰も私に問わなければ、私は知っている。しかし、問う者に説明しようとすると、私は知らない」。

アウレリウス・アウグスティヌス（354〜430）
キリスト教がローマ帝国に公認され国教とされたころに活躍した神学者。著書『告白』『神の国』など。

現在
間食をする私
つねに現在を体験しながら生きている。しかし体験は説明できても、時間は説明できない。
時間それ自体
買い物をする私
さっきまでの現在（過去）

時間には2種類ある

アウグスティヌスは2つの時間を区別した。時間それ自体と、私たちとのかかわりにおける時間だ。絶えず過ぎてゆく時間それ自体には現在しかない。いま食べているケーキはさっき買ったものだと覚えている私がいてはじめて、過去や未来が成立するというわけだ。

過去を悔いる友人へ

存在するのは現在だけ。後悔先に立たずだよ

フッサールの「時間」

記憶と予測によって時間意識がつくられる

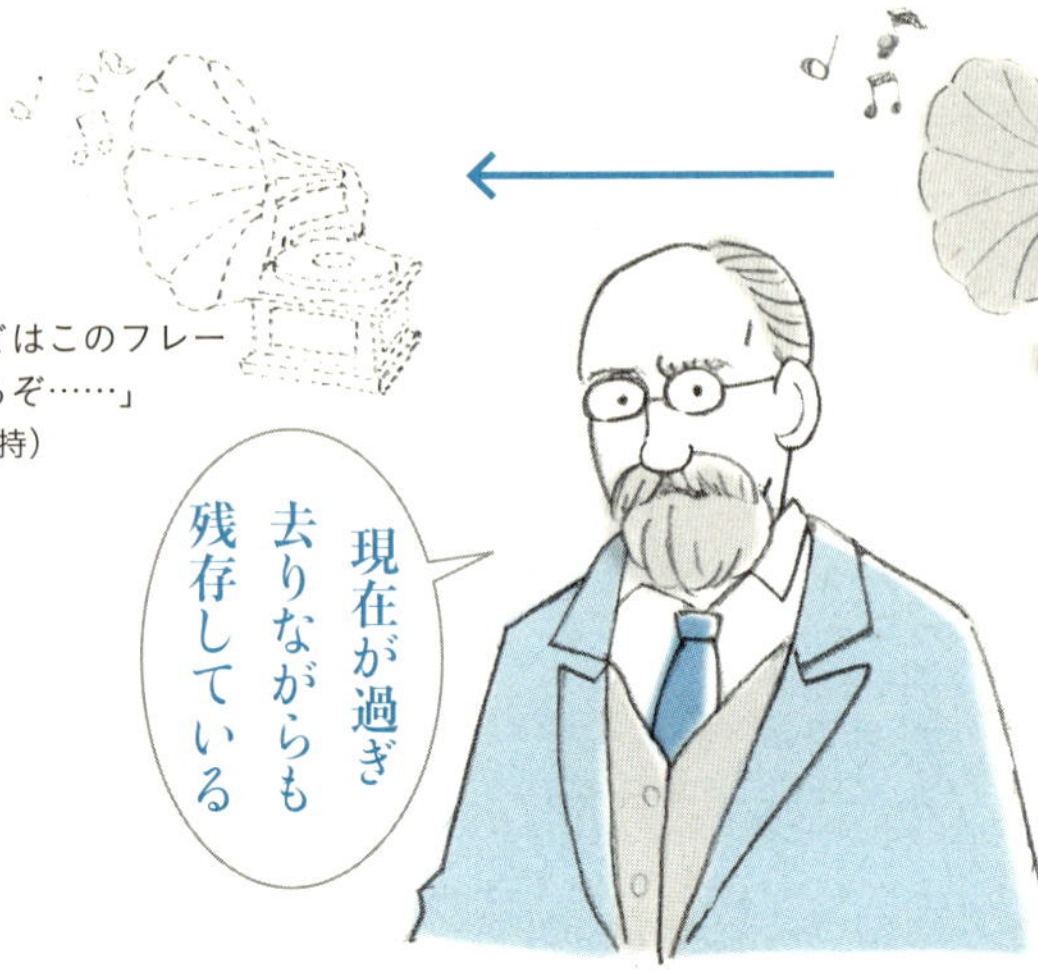
「さっきのメロディー、
よかったな……」
(過去把《は》持《じ》)
「こんどはこのフレーズがくるぞ……」
(未来把持)
現在が過ぎ去りながらも残存している

エドムント・フッサール
(1859〜1938)
はじめは数学基礎論を研究していたが、学問全体の基礎付けへと関心を移し、「現象学」を提唱。彼が「時間論」を展開した著書は『内的時間意識の現象学』。

記憶と予測が「時間」をつくる

みずから提唱した「現象学(※)」の立場から時間を論じたのが、オーストリアの哲学者フッサールだ。たとえば音楽を聴いているとき、「いま」鳴っている音ばかりでなく、「直前に」鳴った音もまだ残っており（過去把持）、「つぎに」鳴る音をも予期している（未来把持）のでなければ、それらの音の連なりがメロディとして感銘を残すことはないだろう。このように時間は、過ぎ去りつつも残存しているのだ。

「立ち止まりつつ、
流れる現在」のイ
メージ。

立ち止まりつつ、流れる現在

あらゆる時間はそれを意識する主観との関係において「立ちどまりつつ、流れる現在」として可能になるとフッサールは考えた。晩年のフッサールは、この「いま」と主観との相即的関係がどのようにして成り立つのかをさらに踏み込んで解明しようとした。

失敗を忘れられない友人へ

時間は立ち止まりつつ流れる。過去の経験があるから、未来につながる

※：現象学とは、意識に直接与えられる現象を分析する哲学の手法。

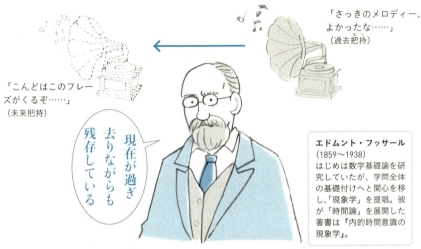

ベルクソンの「時間」

時間の本質は持続である

100m走の映像をコマ送りで見たとき、そこにあるのは、切れ目なしに続く運動を複数の静止画像に分割してあとからつなげた「平面の集積」、いわゆる断片化された時間。

アンリ=ルイ・ベルクソン
(1859〜1941)
フランスの哲学者。生命の進化の根源として「エラン・ヴィタール」(生の飛躍)を想定した。彼が「時間論」を展開した著書は『時間と自由』。

空間化された時間は、時間ではない

フッサールと同時代にフランスで活動したのがベルクソンだ。ベルクソンによれば、時計の表示板で見慣れているのは「空間化された時間」にすぎない。眼に見えるかたちで空間化しないと、私たちは時間という流れをイメージできないのだ。

切れ目無く続く意識の持続が、時間の本質。

持続こそが時間の本質

愉しい時間はあっというまに過ぎ、退屈な授業はぜんぜん終わらないと感じられるように、本来時間は、空間的には表象しえない多様性をそなえている。ベルクソンは、空間的には表示しえない本来の時間を「持続」と呼んだ。それは、空間化される、つまり「量的に一元化される」以前の「質的な多様性」をもったものとしての時間だ。

時計ばかりを気にする友人へ

本当の時間は時計じゃわからない。時間とは持続だ

なぜ学校に行かなければいけないの？

社会に出る前に学校に通うのが約20年間か……。
気が遠くなるわ

世のなかには、身近にあって大変お世話にもなっているのに、その存在が理解しにくいものがあります。そういった存在の一つに学校が挙げられます。そもそも、なぜ私たちは学校に行かなければならないのでしょうか。これはとりわけ、いま学校に通っているひとには切実な問いでしょう。

周囲の大人たちを見ていると、学校で習った数式や法則が社会で役に立つことなどまずなさそうです。なのに、なぜ学校へ行くのでしょうか。じつはこの問いに普遍的な解答はありません。その答えは、通っている各人の数だけの、個人的な事情に左右されます。

こうした場合、哲学では問題の水準を変更します。たとえば、通うひとたちから通っている学校に眼を転じてみると、そこから新たな問いが帰結します。

そもそも学校とはなんでしょう？　そして教育とはなんでしょう？　いったい学校とは何を意図した存在なのでしょう？　といった具合に。

ルソーの「学校」

学校で大切なのは学習じゃない

ジャン=ジャック・ルソー（1712〜1778）
スイスの時計職人の子で学校教育を受けたことはない。革命前のパリで著作活動に勤しむ。『エミール』はカントも大ファンだったという。主著に『告白』『社会契約論』。

自然にかえれ！

18世紀フランスの思想家ルソーは、多方面にまたがる著作を残した。なかでも教育論として名高いのが『エミール』（1762）だ。エミールの成長を通して、当時の教育のゆがみを批判するとともに、個性を尊重した自由な教育を主張し、近代の教育行政に大きな影響を与えた。

学校よ、個性を邪魔するな

ルソーによれば、私たちはもともと豊かな感受性をそなえている。だから、本来学校など必要悪であり、その役割は、子どもたちに元来そなわっている細やかな情緒を損ねないことにある。つまり、学校教育で大切なのは知識の習得ではなく、脳の発達年齢に応じた知性を提供する環境づくりなのだ。

先生に嫌われたと嘆く娘に

先生なんていらない、自然こそが学校であり先生なのだから

デューイの「学校」

社会に出るための教育が第一

ジョン・デューイ（1859〜1952）
高校や小学校の先生がキャリアの最初。真理を求める哲学的なアプローチを否定し、「人々がより好ましく信じられるもの」を追究する。著書『学校と社会』など。

学校は「社会の萌芽」だ

デューイは世界初の実験学校を開設した（シカゴ大学付属初等学校、1896 ~1903年）。彼によれば、教育学とは実験科学であり、そこで生まれた理論を検証する場が学校だ。「実験」の結果、デューイは学校を「社会の萌芽《ほうが》」と考えるようになる。学校とは児童にとって社会に出るための訓練の場なのだ。

学校で必要なのは、社会に出るための教育

学校が社会へ出るための訓練の場だとしたら、画一的な詰め込み教育などもってのほか。児童は共同的な活動に従事することで、文化を受けつぐ能力を身につけ、社会を変えてゆく能力をも養う。このようにデューイの教育論は、社会に出るための教育を第一に考えたものだった。

学校を休みがちな息子に

学校は社会の萌芽。社会で生きるための訓練だと思ってわりきろう

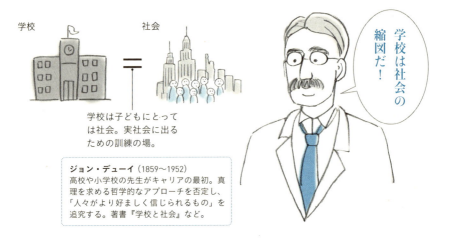

フーコーの「学校」

国家に必要な人間をつくる規律訓練の場

ミシェル・フーコー
(1926〜1984)
フランスの哲学者。権力の相互関係によって社会は規定されると考えた。著書『言葉と物』『狂気の歴史』『監獄の誕生』『性の歴史』など。

国家が要請した、制度としての学校

当たり前のことだが、国家が存続するには一定数の国民が不可欠だ。じつは学校とはそのための装置、すなわち健康な国民の身体を維持し、その数量を管理するための制度だと見抜いたところにフーコーの慧眼《けいがん》があった。定期試験を繰り返して知識を覚え込ませるといった、種々の「規律訓練」の実践場が学校の正体だというわけだ。

国家が続くかぎり、学校は続く

学校とは、教室という閉じられた空間のなかで、時間割という画一的なスケジュールに従ってさまざまな学科が教えられる訓練場だ。だが、そこで重視されるのは個々の学習内容以上に、国家にとって望ましい、従順に学ぶ姿勢を習得させること。フーコーによれば、この世に国家があるかぎり、学校はなくならないのだ。

中学or高校が合わないと悩む友人に

学校は結局国家権力なのだから客観的につきあおう

身近なギモンを考える

男と女はどう違う?

いつもお人形ばかりもらっていたけど、本当はプラモデルで遊びたかったんだよね……。

男女差を問題にする場合、今日では生物学的な意味での男性すなわち♂（性染色体はXY）と女性すなわち♀（XX）をさす「セックス」、社会的文化的な意味での男女をさす「ジェンダー」とを文脈に応じて論じ分けるのがつねです。なぜそんな区分が必要なのでしょうか。ポイントは、人間の生物学的な性差と主観的な性感情とのあいだに根本的なずれがあるところにあります。

動物の本能的な性行為の安定性や恒常性と比べると、人間の性のいとなみには驚くべき多様性が認められます。というか、基準となるスタイルがないために、果てしなく逸脱し続けていると言うべきでしょう。たとえば同性愛は古代ギリシャではきわめて自然な恋愛形式でしたし、戦国時代の日本でもそうでした。近代になると健康な男子をあまねく徴兵する目的で、性認識の一致が前提とされましたが、国民国家という前提が崩壊しつつある昨今では、同性愛カップルの社会的認知や「性同一性障害」への理解も深まるなど、多様な性のありかたが普通になっています。

プラトンの「性」

プラトニック・ラブ最高

プラトンは『饗宴』のなかに師ソクラテスや悲劇作家アガトンなどを登場させ、エロス（愛）について演説させた。

プラトン（前427〜前347）
古代ギリシャの哲学者。師のソクラテスを主人公とした対話形式の書『国家』『饗宴』などの著作が有名。著作のなかで、精神的な愛（プラトニック・ラブ）を同性愛に求めている。

肉体的な愛は低レベル、精神的な愛が高レベル

古代ギリシャの哲学者プラトンは、恋愛を主題とした『饗宴』という著作のなかで、精神的な愛を重んじるプラトニック・ラブを讃えた。

人間には３つの性があった

『饗宴』では、6人の登場人物が愛を語るが、その1人に当時の喜劇作家であったアリストファネス（※）がいる。プラトンはアリストファネスにこう語らせた。「太古、人間は球体状で、背中合わせの一体だった。そこには男男、女女、男女（アンドロギュノス）の３種類の性があったが、合体ゆえに２倍の能力を誇った人間たちは、慢心して神をも恐れぬふるまいにでたため、罰として２つに裂かれた。だから人間は、かつての失われた半身を求めてやまない。それが愛だ」と。

ちなみに、眼を東洋に転じると、中国の唐の時代に、月下老人の説話（夫婦となるべき男女の縁を赤い縄で結ぶ）に由来する「赤い糸」の伝説があり、これが東洋一帯に広まった。アリストファネスとの決定的な違いは、男女の愛しか問題にされず、性差への疑念が見られないところだ。

球体人間の想像図。男女の一体のことをアンドロギュノスと言う。ギリシャ語でアンドロは男性、ギュノスは女性。両性具有を意味する言葉だ。

婚活中の友人に

失われた半身（もう一人の自分）が見つかるといいね

※：実在の人物。プラトンは彼を評価していたとされる。

ボーヴォワールの「性」

女らしさは社会的につくられる

ひとは女に生まれるのではない

ボーヴォワールは主著『第二の性』で、実存主義を踏まえて「ひとは女に生まれるのではない、女になるのだ」と唱えた。女らしさも男らしさも、社会によって構成されたレッテルにすぎない。

このようにセックスとジェンダーの違いを明確に指摘した『第二の性』は、フェミニズムの古典だ。

シモーヌ・ド・ボーヴォワール
(1908〜1986)
フランスの哲学者。女性固有の権利を主張するフェミニストの先駆者だが、個人の活動よりもサルトルのパートナーとしての活躍が際立っていた。

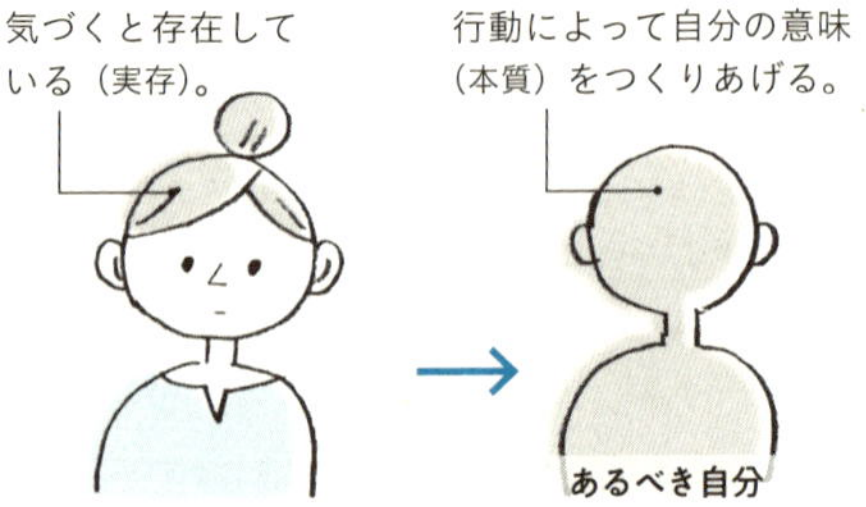

ジャン=ポール・サルトル (1905〜1980)
フランスの哲学者。3歳のとき右目を失明。生きて行動する自分自身の存在を「実存」とし、実存が主体となって生きる実存主義を唱えた。主著『存在と無』。

ひとは行動しなければ意味はない

ボーヴォワールは「実存主義」の提唱者サルトルのパートナーだった。実存主義では、人間の存在それ自体にはもともとの定まった意味（本質）などないと考えられる。私たちは、気づいたときには自分が何者かもわからぬままに存在している（実存）。当然、生まれつきの男も女もいない。だから、一生をかけて納得に値する自分の本質をみずからの行動を通じてつくりあげてゆかねばならないとサルトルは主張した。

母性を過剰に求める彼氏に

それは社会のレッテルだ。女だから母性があると思ったら大間違い

ジュディス・バトラーの「性」

生物学的な性差は自明な事実ではない

性差別を本当になくすためには、男女の境界を攪乱しなければならない

ジュディス・バトラー（1956〜）
アメリカの哲学者。性の体制が男女という「二項対立」で構成されることを「抑圧」だと考え、「異性愛は人為的につくりだされた」と主張する。著書『ジェンダー・トラブル』など。

初期フェミニズムの目標

ボーヴォワール由来のフェミニズムは、ジェンダーを「社会的に構築された後天的な制度」として批判したが、そこでは生物学的な性差は自明な事実とみなされていた。そこから、生物学的には男女は対等だから、あらゆる面で平等に扱われるべきだという古典的フェミニズムの主張が帰結する。女性の社会的進出を阻むジェンダーレベルでの差別の撤廃が、初期フェミニズムの目標であった。

これまでのフェミニズムは生ぬるい

こうした従来のフェミニズムに根本的な疑問を投げかけたのがバトラーだ。セックスという生物学的な性差を根本に据えれば、おのずと異性愛が恋愛の王道となり、そこからはずれる、同性愛のような性のありかたは異端として排斥されてしまう。

しかし、特定の性をもって生まれることと当人の性意識がずれることはいまやよくある事態だ。ジェンダーは文化的に規定された構築物にすぎない。だから、あらゆる意味で「男／女」という価値区分を攪乱してゆこうというのが、バトラーの戦略だ。

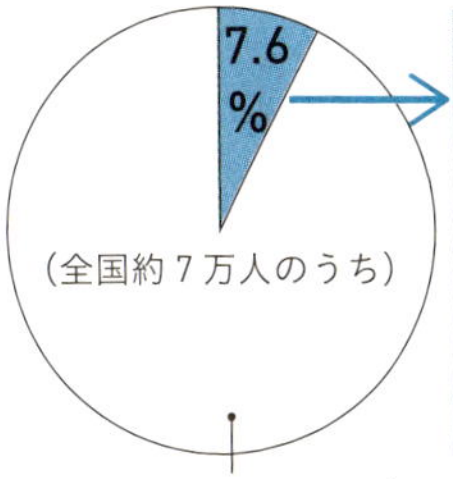
7.6%
（全国約7万人のうち）

内訳	
0.5%	レズビアン（女性同性愛者）
0.9%	ゲイ（男性同性愛者）
1.7%	バイセクシュアル（両性愛者）
0.7%	トランスジェンダー（性同一性障害など）
3.8%	男女どちらとも決められない人など

電通ダイバーシティラボ／全国69,989名アンケート調査（2015年4月）

電通ダイバーシティ・ラボによるLGBT調査によれば全国約7万人のうち性的少数者（セクシャルマイノリティ）に該当するのは7.6%にのぼった。

性差別ぼくめつポスター用語に

男女の境をまぎらかすこと肝要

身近なギモンを考える

「自由」って何？

わがまま放題
ひきこもり
どっちが「自由」なの？

そもそも「自由」とはどういう状態のことでしょうか。

他人からいっさい束縛されないのが自由でしょうか。だとしたら、誰ともかかわらずにいるひきこもりも、自由ということになります。ですが、身の回りのことは家族に丸投げするような生きかたが誇れる状態とは思えません。

では、なんでも好き勝手できる状態が自由でしょうか。でもそれは、ただのわがままと大差ありません。

いずれにせよ、「自由」が望ましいことだという価値観は広く共有されているようです。でもそれは本当でしょうか。「赤信号みんなで渡れば怖くない」という古典的なジョークがあるように、集団に埋没するほうが楽だという見解にも一片の真実がありそうです。つまり、自由には裏返せば、すべて自分で決めなければならないという重荷の側面もあるのです。

こう考えてくると、「自由って何？」とは、意外に難しい問いであることがわかってきます。歴史上の哲学者たちも真剣に「自由」を考えてきました。

ロックの「自由」

自由は人間同士の契約で成立する

ジョン・ロック（1632〜1704）
イギリスの哲学者。人間は本来タブラ・ラサ（白紙）の状態にあり、知覚の「経験」によって認識を獲得すると考えた。主著『市民政府論』（『統治二論』）『人間知性論』。

社会との契約が自由をつくる

「社会契約論」という思想がある。野生動物のような自然状態と私たちがいとなむ文化的生活のあいだに切断線を引き、社会を自然状態の否定とみなす発想だ。社会秩序の維持をたがいに約束しあう（契約する）ことではじめて、私たちは人間的な自由を獲得する。提唱者はイギリスのトマス・ホッブズ（1588〜1679）だが、それをさらに展開させたのがロックだ。その後フランスのルソーが、来たるべき社会を実現するための手だとして、社会契約論を唱えた。

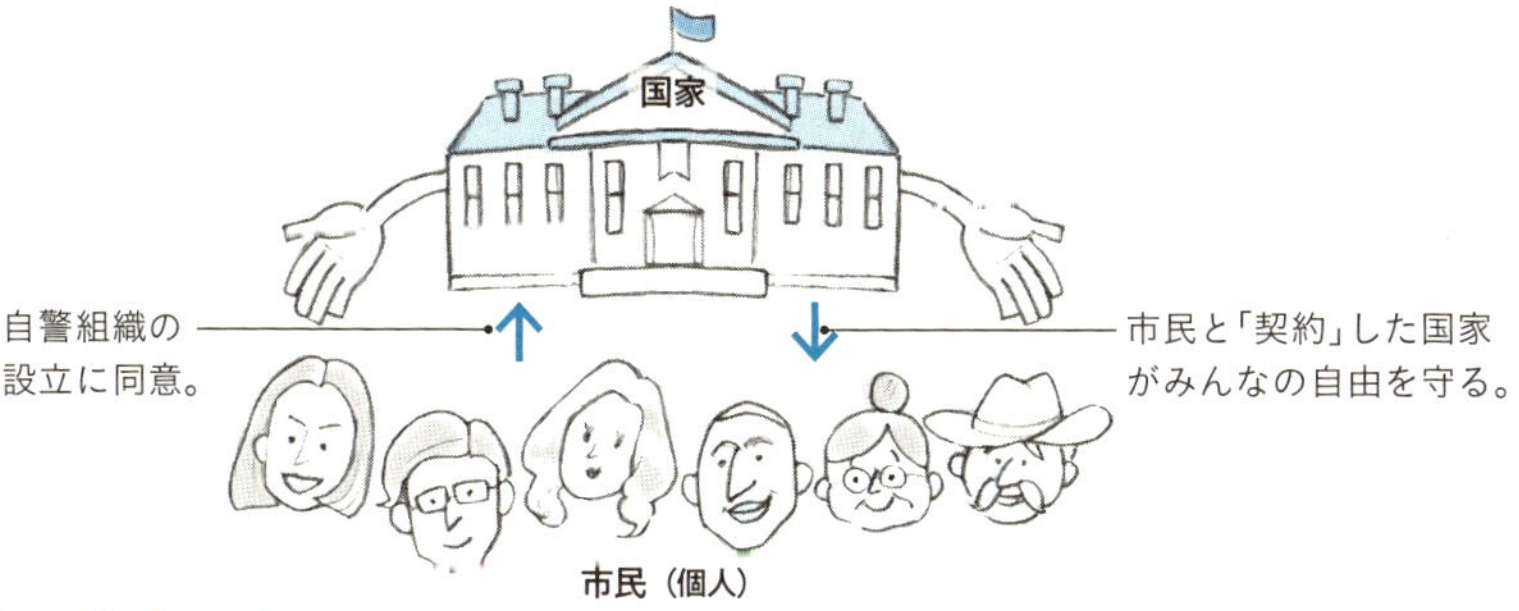

国家は自由を守るためのもの

ロックの考えでは、かつて国家という権力はなく、人間は自給自足を実現し、平和な集団生活を送っていた。そこに貨幣が登場したことで事態は一変。食物と違って腐ることのない貨幣は蓄積可能だ。これが私有財産を可能にし、その結果貧富の差が生まれた。そうなれば、働かずに他人の財産を奪おうとする不逞の輩も出現するだろう。人間を守る自警組織が必要となる。そうした組織を設立することへの集合的同意が社会契約であり、これが国家の起源となったとロックは考えた。

政治家を目指す友人へ

自由を守るために国家があることを忘れないで

サルトルの「自由」

自己実現に多様な選択肢をもたらす

人間は自由の刑に処せられている

ジャン＝ポール・サルトル（1905〜80）
フランスの哲学者。26頁参照。

神はいない、だから人間は行動によって未来をつくる

サルトルは「無神論的実存主義」を標榜《ひょうぼう》した。もし創造の神がいるなら、あらゆるものは被造物（※）であり、それが何であるか（本質）はあらかじめ定まっている。とすると、私たち人間も被造物である以上、何の自由ももたないことになる。

しかし私たちは自分が何者なのかも知らぬままに、すでに存在している（実存）。だから、サルトルは無神論を説いた。

私は
何をすれば
いいんだ

自由に自分を実現できる一方で、すべて自分の責任となるため、苦痛でもある。

人間は自由という刑罰を受けている

自分が何であるか（本質）の規定を欠いている実存だからこそ、私たちは自分をいかようにも実現してゆけるとサルトルは考えた。しかし、これを逆に見ると、私たちはあるべき自分を無から創造してゆかねばならず、しかもその創造には先行するお手本などない。この状態をサルトルは「人間は自由の刑に処せられている」と表現した。

ひきこもりの息子に

いまは自由という刑罰を受けているのだ。行動を起こそう

※：被造物とは、神につくられたもののこと。

フロムの「自由」

自由には不安がつきまとう

王様
教会
人間は自由になればなるほど孤独にさいなまれる
自由だ！
自由が不安でもある……

エーリヒ・フロム
(1900〜1980)
ドイツの心理学者。ナチスが政権を握るとアメリカに移住。フロイト心理学の理論を現実の社会に応用する社会心理学を展開し論壇をリードした。主著『自由からの逃走』。

近代社会は自由を獲得

ヨーロッパでは近代になって資本主義が台頭し、市民社会が成熟するにつれて、人びとは封建領主や教会といった旧来の権威から自由になった。こうして自由な個人が誕生したが、近代人は、それと引きかえにかつて自分をつなぎとめていた絆の安心感を失い、孤独と不安にさいなまれるようになる。

その結果、不安感に耐えかねて、自分が寄りかかれる権威に屈してしまう人びともでてきた。すべてを自分で決める責任感の重みよりも、何かに判断を委ねる安楽さを選ぶ心理は理解できなくもない。だが、こうした「自由からの逃走」が招いた最悪の事態がファシズムだった。

ジーク・ハイル！
ファシズム

自由という重荷から逃れるために

フロムは『自由からの逃走』を書き、民衆がナチスに傾倒する心理を分析した。普通は望ましい状態とみなされる自由からなぜ逃げださねばならないのだろうか。サルトルも言っていたように、いっさいのしがらみから解放されてすべてが自分に委ねられているという自由は、一面「自由という刑罰」でもある。

ヒトラー台頭の底には、こうした自由への不安があった。自由はたんによいものではなく、ときとして過酷なものともなりうる。

自由を謳歌しすぎる娘に

自由であることはじつは大変重いことなのよ

身近なギモンを考える

「身体」って何？

動きを意識しすぎると
なんだか歩きにくいね……

普通、ひとは右手と左足、左手と右足を交互に振って歩きます。左手と左足を同時に振り出したりしません。本当に自分で身体をコントロールしているのでしょうか？

身体は誰にもそなわっています。そのせいでしょうか、私たちは自分で身体をコントロールしていると思っています。手を伸ばして、湯呑みをつかみ、お茶を飲む。手足を交互に出して駅へ向かう、などなど。私たちは普段意志の力で身体を操っているつもりでいます。

しかし、ときに身体は意志に抗《あらが》います。いくら眠るまいと思っても授業中にうとうとしてしまったり、空腹に負けてダイエットに失敗したり……。それればかりか、身体の活動を通して、精神のほうが変化することさえあります。たとえば、スポーツやトレーニングに打ち込むことで、悩みが吹っ切れるということもあります。

もともと哲学は存在や認識の問題を考えるいとなみとしてはじまったという事情もあり、知性や意志の活動のほうに人間の人間たるゆえんを認める傾向があります。キリスト教でも、肉体は欲望の住処《すみか》として否定的に扱われます。

身体とはものの一つなのでしょうか、それとももののに尽きない特別な何かなのでしょうか。

デカルトの「身体」

意識と違って疑いうるもの

「身体」は物体であり、心と区別されるもの
そこにないものを見たりする知覚は確実なものではない。

ルネ・デカルト（1596〜1650）
フランスの哲学者。主著『方法序説』に書かれた「我思う、ゆえに我あり」（コギト・エルゴ・スム）は、理性によって真理を探求しようとする近代哲学の宣言となった。

疑いうるものを排除する

デカルトは、学問とは確実な知識を提供するものだと考えた。では、確実なものとは何で、どうすれば手に入れられるのか。疑いうるものをとことん排除し、それでも残った絶対に疑いえないものが確実なものだとデカルトは考えた。疑いうるものをかぎりなく省いてゆくことで確実な知識へいたろうとする手続きが「方法的懐疑」だ。

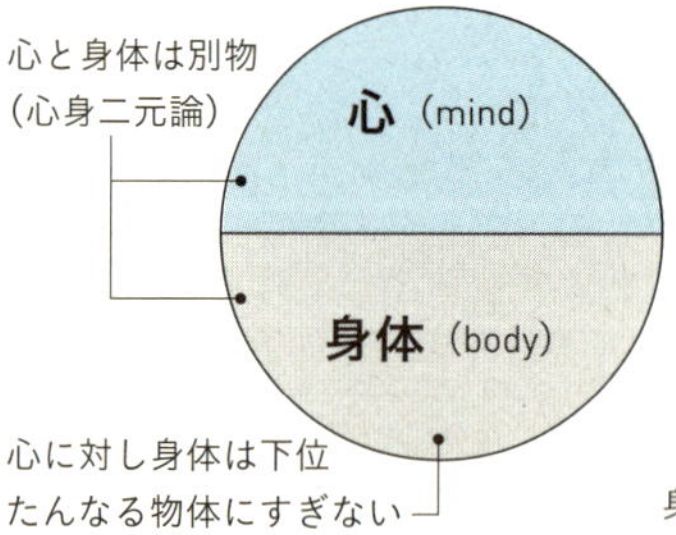
心と身体は別物
（心身二元論）
心（mind）
身体（body）
心に対し身体は下位
たんなる物体にすぎない

身体よりも心（精神、意識）が優位

確実な「心」が不確実な「身体」より上位

デカルトはまず、外界の情報を伝える感覚を吟味した。錯視や幻聴をもちだすまでもなく、感覚はしばしば私たちを欺く。つまり感覚能力をそなえた身体による知は確実ではなく、疑いうる余地をもつ。他方、考える能力としての意識の存在は疑いようがない。

そこでデカルトは、確実な知識が問題となる場面では、意識と身体とを峻別《しゅんべつ》する「心身二元論」を提唱した。

浮気がばれたら…

身体は心と別物！意識（心）はあなただけだ

メルロ＝ポンティの「身体」

意識（心）と身体は切っても切れない関係にある

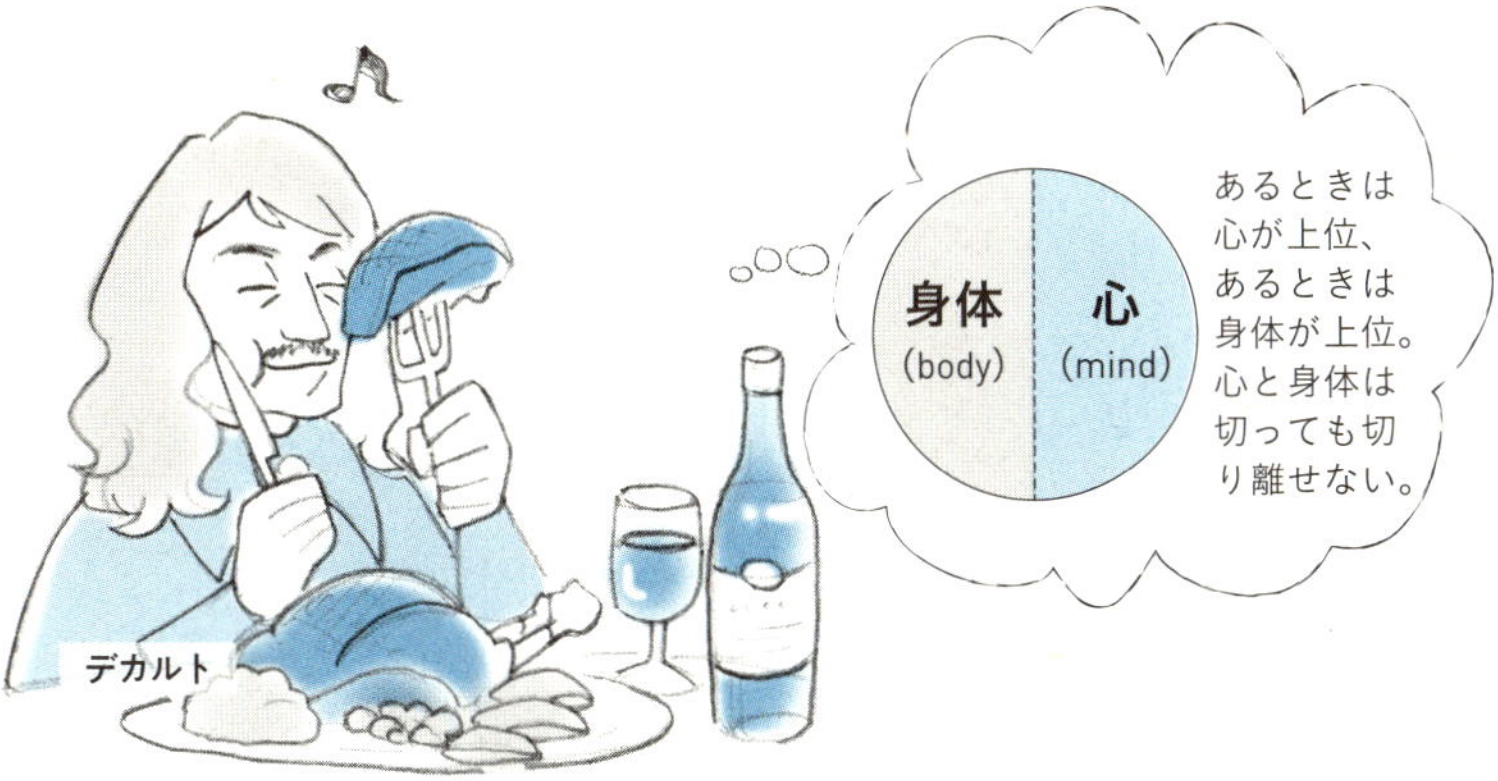

あるときは意識優位、あるときは身体優位

真理認識の次元では「心身二元論」を唱えたデカルト（33頁）も、日常の場面では「心身合一」を認めていた。しかし、そんな考えかたの使い分けはそもそも可能なのだろうか。意識のどんな活動にも身体は随伴するし、逆に端的な反射活動を別にすれば、いかなる身体のふるまいにも意識は伴う。私たちはつねに身体とともに生きている。

モーリス・メルロ＝ポンティ（1908〜1961）
フランスの哲学者。『知覚の現象学』で、知覚の主体である身体は客体をも包含していると考えて身体に固有の価値を与え、意識と身体が揃ってこそ人は自己認識に到達するとした。

意識と身体は両義的

意識と身体は相補的なものだという常識的な発想を土台として、従来の意識中心の哲学史の転倒を試みたのがメルロ＝ポンティだ。いかなる精神的ないとなみも身体に支えられてこそ可能となる。どちらかが優位にあるわけではないという精神と身体の関係を、メルロ＝ポンティは「両義性」と表現した。

浮気した相手に

心と身体は相関的なのよ。別なわけない！

フーコーの「身体」

権力は身体も精神も攻撃する

権力
親
子
権力
先生
生徒

権力はどこにでもある

ミシェル・フーコー（1926〜1984）
フランスの哲学者。23頁参照。

権力はどこにでも潜んでいる

フーコーは権力の問題を重点的に思考した。権力と聞くと、普通は確固とした威圧的な存在が思い浮かべられる。しかし、フーコーによると現代の権力は、日常のいたるところに浸透して、知らないうちに私たちをコントロールしている。権力の不可視のコントロールの要となるのが身体だともフーコーは指摘した。

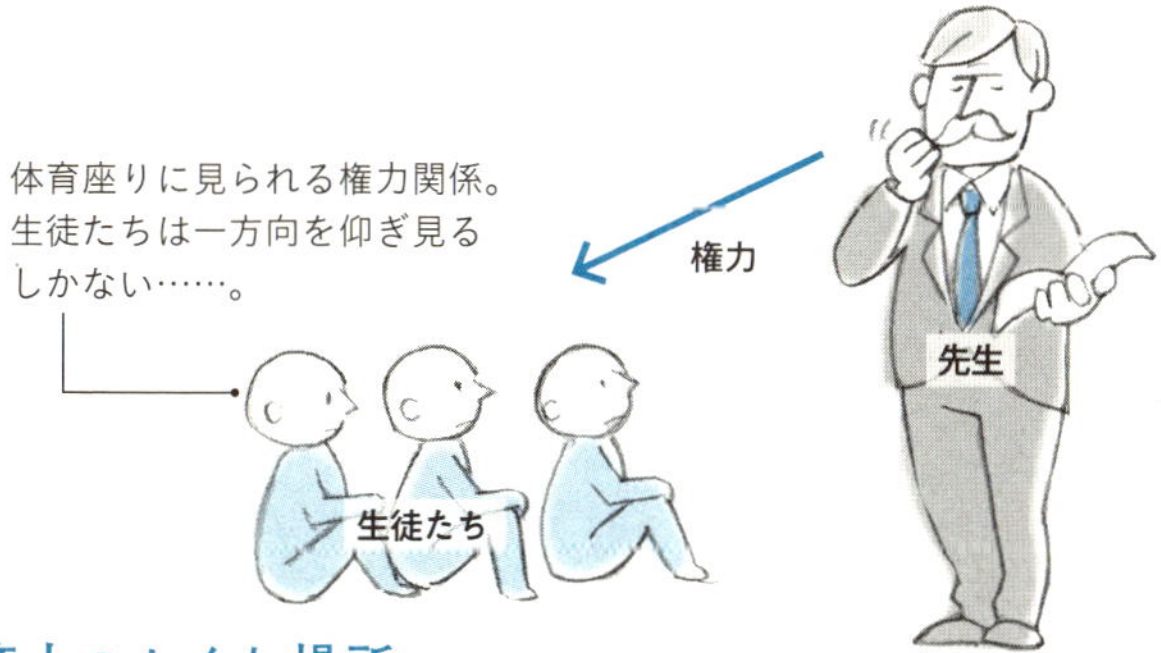
体育座りに見られる権力関係。
生徒たちは一方向を仰ぎ見る
しかない……。
権力
先生
生徒たち

身体は権力のかくれ場所

身体で覚えたことは忘れないとよく言われる。たとえば、小学校で教えられる体育座り。この不自然な姿勢をとるとよそ見しにくく、正面を見つめるしかない。学校の権力者である先生の話に耳を傾けるしかないように、私たちはしむけられているのだ。だが、慣れてしまうと、大人になってもこの座りかたを不自然とは感じない。

このようにパターン化された身体感覚を通じて、権力は当たり前のように私たちのなかに浸透してゆく。

親になったら

親は子どもにとって権力。親というだけで子の心身の発育に影響する。気をつけよう

column

自然科学と哲学

自然の荒ぶる力の「根源（アルケー）」を探す試みである自然科学的な探求は、紀元前6世紀のギリシャではじまっていました。現在のような観測機具も実験装置もない時代に、現代の原子論に通じる発想にまで行きついていたことには驚くばかりです。自分たちを取り巻く自然を探究することが、自分自身を理解するために有効であると考えた古代の人びとは、哲学者であると同時に科学者でもあったわけです。

しかし、その後のローマ帝国の時代にキリスト教が普及すると、哲学者の科学的発見は忘れ去られていました。中世になると、十字軍の遠征などを通じてヨーロッパ人はイスラム文化と接触し、「12世紀ルネサンス」が起こります。アラビア語に訳されていたギリシャ哲学者の著作がヨーロッパに逆輸入されたのです。その代表がアリストテレスで、彼の『天体論』『気象論』がこの時期ラテン語へと重訳されました。さらに、中世におけるこうした学問の地殻変動の延長線上に16世紀の「科学革命」が起こり、コペルニクス、ケプラー、ガリレオ、ニュートンといった科学者が研究成果を残すことになりました。

ただ、コペルニクスたち「科学革命」を担った人びとの目的は、ギリシャ哲学者とは異なり、キリスト教的な真理を確証することでした。自然科学の産みの母は、思想的には哲学の対極にある宗教だったのです。18世紀の「啓蒙の時代」になってようやく、人びとは宗教から自立してゆきますが、その過程で中世期が暗黒時代であるという迷妄が捏造《ねつぞう》されることにもなりました。

アリスト
テレス
イスラム帝国軍
十字軍
ギリシャ哲学をヨーロッパに再びもたらしたイスラム人。
ヨーロッパにおいてギリシャ哲学は長いあいだ忘れ去られていた。

2章

言葉を考える

私たちの思考やコミュニケーションに必要不可欠な言葉。哲学者たちは言葉そのものの捉えかたはもちろん、言葉による認識への影響をも考えてきた。

言葉を考える

「自分」って何？

他人も自分も同じように「自分」なの？

自分とは何でしょう。あらたまって尋ねられると、これもよくわからない問いです。

私は私にとって「自分」です。あなたもあなたにとっては「自分」でしょう。では、この二つの「自分」は同じことを意味しているのでしょうか。おそらく両者は同じではありません。あなたにとっての「自分」を私はけっしてそのままに経験することはできないのですから。

また「自分」って何？と問うのも自分なら、そこで問われているのも自分です。この二つの「自分」は同じものでしょうか。同じなら、そもそもこんな問いが発せられることもありえないはずです。実際、動物がこんな問いに悩まされているようには思われません。

それでも、私たち人間にとってこうした問いかけはけっして突飛ではありません。そうであるからには、そこでは問われる「自分」とは異なる問う者つまり「他人」としての自分が前提されていたはずです。では、「他人」とは何でしょうか。こうして、問いは問いを呼ぶのです。

ソクラテスの「自分」

自分は無知である

デルフォイ神殿の格言がソクラテスの原点

ソクラテス（前470ごろ〜前399）
ギリシャの哲学者。著作を残さず、その学説は主としてプラトンの書き残した対話篇によって伝えられている。「汝自身を知れ」というデルフォイの神託をみずからの思考の出発点においた。

古代ギリシャにデルフォイ神殿があった。当時、ギリシャの人びとには何か問題が起こるたびにそこへ詣でて、神託を授かるという習慣があった。この神殿の石碑に刻まれていた格言が「汝自身を知れ」だ。まさにこの言葉を自分の思想のモットーとして、おのれを知ることを生涯の課題としたのがソクラテスだった。

デルフォイの神託
「ソクラテス以上の知者はいない」

↓

神託の意味を解明するため
ソフィストたちと問答を繰り返す

↓

彼らは何も知らないのに
知っていると思い込んでいる

↓

ソクラテスは自分が
何も知らないことを知っている（無知の知）

自分が無知であることを自覚する

問題を神に丸投げするのではなく、まずは自分が何を知っていて、何がわかっていないのかを確認しておく必要がある。そのとき、自分が無知であることが否応なく自覚される。この自覚を受けとめることから思索をはじめなければならないというソクラテスの信念が、「汝自身を知れ」には込められている。

自分探しをしているひとへ

まずは無知の自覚からはじめよう

フロイトの「自分」

自分のことは、一部しか知らない

フロイトは「自由連想法」で人間の無意識を導き出し、患者の精神を分析した。

ジークムント・フロイト（1856〜1939）
オーストリアの精神科医で、精神分析の創始者。神経症の治療に人間の無意識を導きだす自由連想法を考案した。主著『夢判断』『精神分析入門』など。

人間は無意識を知らなかった

普通私たちは、自分のことは自分が一番わかっていると思っている。自分とは誰よりも当人自身に意識されている存在なのだから。

ところが、フロイトによれば、当人に自覚されている自分とは、そのひとのごく一部分にすぎない。その背後には当人にも把握できない無意識の自分が潜んでいるという。

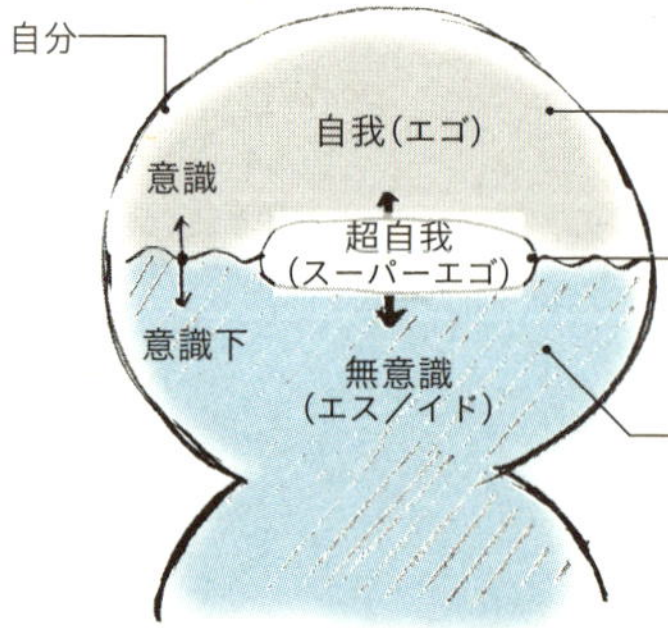

「自分」のうち意識可能な部分がエゴ。エゴはイドに左右される。

スーパーエゴは「自分」のなかの人間の良心。エゴやイドに影響を与える。

イドは「自分」のうち無意識の欲望。

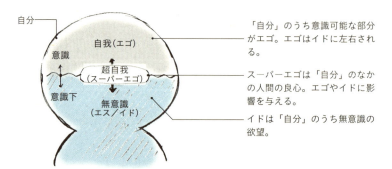

意識する自分は自分の一部にすぎない

私たちは自分の感情や欲求を完全にはコントロールできない。いくら自分を意志で律しようとしても、それはかなわない。フロイトによれば、それは私たちの欲望が意識ではなく、意識の水面下に潜む無意識（イド）に由来するからだ。私たちが知っている自分とは、あくまで意識された自分（エゴ）であり、自分の一部でしかない。

自分がわからないという娘へ

意識できるのは自分の一部。本当の自分なんて知ることができないものよ

ハイデガーの「自分」

自分の存在に対する問いに答えはない

マルティン・ハイデガー（1889〜1976）
ドイツの哲学者。現存在（人間）の存在意味を過去、現在、未来が統合された時間性として示した主著『存在と時間』が有名。

存在への問いは回答不能

「自分とは何なのか」――この問いが生まれるのは、自分の存在が自分自身に適合しないという違和感が表面化した結果だとハイデガーは言う。しかし、自分とは何なのか、なぜいまここにいるのかといった問いに明確な解答はない。そのかぎりでハイデガーによれば、人間は根源的に不安に苛まれる生きものなのだ。

他人と同じなら安心だ

誰だって、気づいたときにはある時代のどこかの国のいずれかの家族の一員として生きている。でも、それがうまく呑み込めず、「自分とは何か」と問わざるをえなくなるときもある。しかし、答えのない問いに向きあうのは疲れる。

私たちは答えのない問いに向きあうのを回避して、他のひとたちと同じようにふるまい、周囲に迎合して生きることで、不安を抑圧する。そうした生きかたをする人びとをハイデガーは「世人《せじん》」（ダス・マン）（75頁）と呼んだ。

周囲に流されやすい友人へ

世人ではダメ。不安でも自分のことは自分で決めなきゃ

言葉を考える

誰かと「理解しあう」って、どういうこと？

あれ？　同じこと言ってない？

私たちは、普段言葉を使って他人と意志疎通しています。では、こうした言葉によるコミュニケーションで、たがいの意図はきちんと伝わっているのでしょうか。伝わったかどうかの確認をおこなうのも言葉です。これではどこまで行っても堂々巡りです。

さらには、そもそも私自身は自分の言葉の内容をきちんと理解しているのでしょうか。口に出す前に頭のなかで組み立てる内容もまた言葉でできています。その言葉が頭のなかの思考内容を正確に写しとっているのか、それを確認しようとしたらまたもや言葉に頼らざるをえません。

言葉は、私たちの意図を本当に正しく媒介してくれているのでしょうか。「沈黙は金、雄弁は銀」という格言もあるように、言葉に頼らないほうが伝わることもあるのではないでしょうか。恋人同士や親友のように気心の知れた間柄であれば、むしろ言葉など不要です。

そうなると、誰かと何かを「理解しあう」とは、そもそもどういうことなのでしょうか。

デカルトの「理解」

相互理解にも方法的懐疑が大切

ルネ・デカルト
(1596〜1650)
フランスの哲学者。33頁参照。

理性は人間に平等に与えられた能力

デカルトは『方法序説』冒頭に「良識はこの世でもっとも公平に分け与えられている」と書いた。良識とは「正しく判断し、真と偽を区別する能力」であり、つまりは理性（ものごとを理解する能力）のこと。理性は、身分の違いや学識のあるなしにかかわりなく、万人に等しく与えられているとされる。デカルトは人間を規定するうえで、感覚や経験ではなく、理性を第一のものと考えた。

身分などの情報をすべて取り払えば理解しあうこともたやすい。

理性のために、まずは疑ってみる

デカルトのいうように、人間に本当に理性があるなら、「理解しあう」のに不都合が起こるはずもない。しかし実際にはおたがいをきちんと理解しあえていない。それはなぜだろうか。

それに対するデカルトの解答は、多くの人間が理性の正しい使いかたを見失っているというものであった。生育環境の違いや社会の悪しきしきたりによって、理性は歪《ゆが》められているというのだ。

そこで、一度すべてをご破算にして、根本からすべてを考え直す「方法的懐疑」(33頁) にデカルトは着手した。デカルトにおいて方法的懐疑は人間同士の相互理解へいたる道でもあった。

初対面の相手に緊張してしまう後輩社員に

相手の肩書きにとらわれず向きあってみよう

ウィトゲンシュタインの「理解」

理解しあうにはそのつど確認するべき

ルートヴィヒ・ウィトゲンシュタイン（1889〜1951）
オーストリア出身の哲学者。初期の『論理哲学論考』は論理実証主義に影響を与え、後期の『哲学探究』の言語分析は日常言語学派に影響を与えた。

語りえないことについては、沈黙するほかない

生涯を通じて言語とコミュニケーションの問題を考察した哲学者にウィトゲンシュタインがいる。彼の思想は、前期と後期とでその内容にずいぶん開きがある。処女作『論理哲学論考』では、言語とは世界を映す鏡であり、意味のある言葉には、それに対応した事実があると考えられていた。つまり正しい言葉だけを用いれば、コミュニケーションの問題はなくなるというのだ。これは言葉にできないことについては、黙っているしかないということでもある。

言葉が通じたかどうかは確認するしかない

ところが、絶筆となった『哲学探究』では、言葉の意味はそのつど使われるなかでしか決まらない、という主張が展開される。そのなかでウィトゲンシュタインは、あらゆる言葉のやりとりを「言語ゲーム」と呼ぼうと提案した。会話を言葉のキャッチボールに喩えるなら、投げたボール（発した言葉）が相手に届く（理解される）かどうかは、投げたあとでしかわからないというのだ（53頁）。

コミュニケーションが苦手なひとへ

場面ごとで変わるやりとりを楽しんでみて

ガダマーの「理解」

完璧な相互理解はない

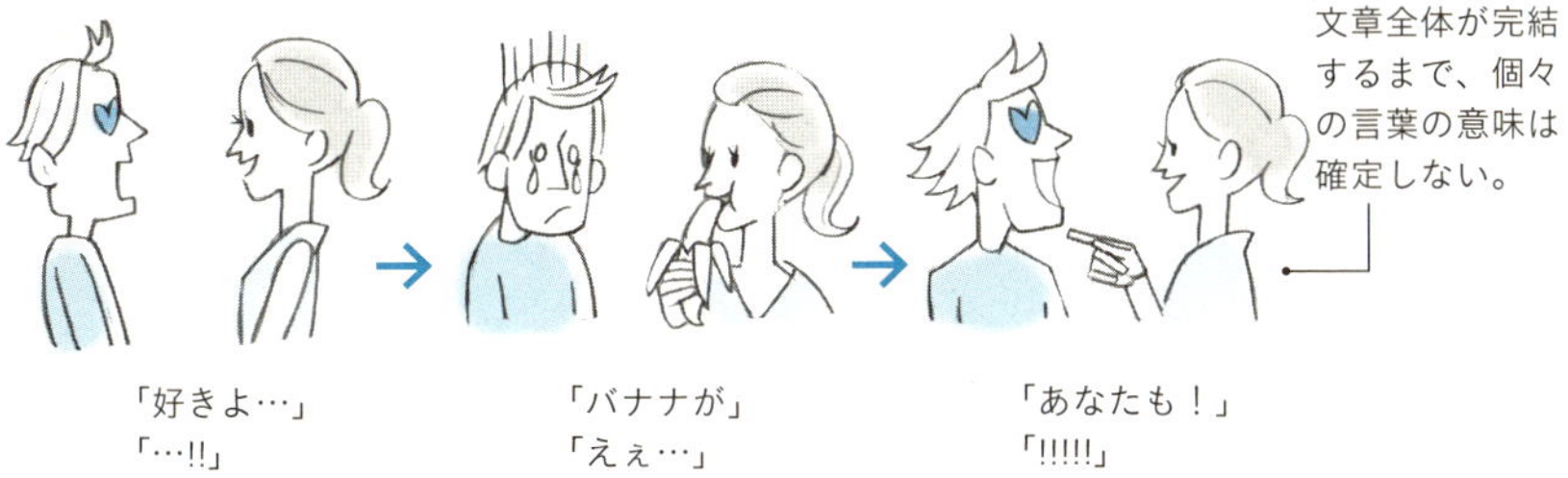
文章全体が完結するまで、個々の言葉の意味は確定しない。

「好きよ…」

「…!!」

「バナナが」

「えぇ…」

「あなたも！」

「!!!!!」

部分と全体の「循環」

「言葉を理解する」とはそもそもどういうことだろう。発語される一つひとつの単語の意味がわからなければ、文章全体の意味は理解できないはずだ。ところが個々の単語の意味は、文章全体が完結したのちに確定する。発話の状況や会話の流れなどによって意味が流動的にぶれることもある。個々の語と全体としての発話とのあいだには、部分と全体の相互的な関係と循環が認められるというのが、ガダマーの提唱する「解釈学」の大前提だ。

文章全体でしか
意味は理解できない。
コミュニケーションは
どこまでも途上に
とどまるもの……

ハンス゠ゲオルク・ガダマー
（1900〜2002）
ドイツの哲学者。人の言葉（話すときも聞くときも）には来歴がかかわり、その意味は解釈するものに委ねられるとする「解釈学」で有名。

人間はけっして理解しあえない

誰がいつどこで話すかに応じて、同じ言葉でもその意味はいかようにも変わる。その事態を解釈学では、話者と聞き手にはそれぞれに歴史がそなわっていると表現する。おたがいの発話を理解するには、おたがいの歴史の相互理解も不可欠だ。各人の歴史や環境その他さまざまな水準での相互的な関係が「解釈学的循環」と呼ばれる。

ガダマーの見解では、あらゆるコミュニケーションは循環であり、終わりのない過程だ。つまり、コミュニケーションはつねに途中からはじまり、どこまでも途上にとどまる。完璧な相互理解に行きつくことなどない。そのつどどこかで折りあいをつけるしかないのだ。

コミュニケーションが苦手なひとへ

完全にわかりあうことは不可能。だから妥協点を見つけよう

言葉を考える

「色」って何？

同じ海でも昼は明るい青、夜はまっくら。
海の色が変わったわけじゃないけれど……。

ものの色とは表面からの反射光を意味し、その明るさはものの表面の反射率によって決まるというのが、色の辞書的な定義です。でも、実際に私たちの眼に写るものの色とはどのようなものなのでしょうか。

たとえば「海の色は？」と聞かれれば、誰もが青と答えます。しかし、一口に青と言っても、その色あいはさまざまです。見ている海が異なれば、同じ青とは言えません。同じ海でも時間や季節が違えば、その色は変化するでしょう。そもそもあなたと誰かが同じ時刻に同じ海を見ていたとしても、両者の語る海の青は同じ青と言えるのでしょうか。たとえば私が「深みがかった青」と呼び、あなたが「濃紺」と呼んだとして、それは同じ青なのでしょうか。

そもそも私たちの眼は、カメラのレンズのように外界をそのまま忠実に映す鏡なのでしょうか。そればかりではありません。冒頭に書いたように、光がなければ色はありません。だとすると、客観的な色そのものの存在すら疑わしいと言わざるをえないのではないでしょうか。

デカルトの「色」

色は精神のはたらきで構成される

ルネ・デカルト（1596〜1650）
フランスの哲学者。33頁参照。

感覚を信じてはいけない

確実なものを求める思考実験「方法的懐疑」（33頁）の過程で、デカルトが疑わしいものとして最初に却下したのが私たち人間の感覚であった。確かに感覚はしばしば私たちを欺き、錯覚を惹き起こす。しかし、デカルトが感覚を問題視する理由はそれだけではなかった。

過去の記憶のなかの色を思い出して見ている

デカルトによると、人間には、いま自分が知覚している色が対象の色と同じだとはなから思い込む傾向がある。それは、何かの色を知覚するとき、たいてい過去に見たことのある色にあてはめて認識した気になる習性が私たちにあるからだ。

デカルトに言わせるなら、実際に見ている色は、精神のはたらきによって構成されたものだというのに、私たちは拙速にもそれが見えているもの自体の属性だと決めつけているのだ。

インスタ映えする写真を撮りたいひとへ

美しいと思っている色を疑ってみよう

ゲーテの「色」

色は光と闇から生じる

ヨハン・ヴォルフガング・フォン・ゲーテ（1749〜1832）
ドイツの詩人、作家。色彩を光の「行為」として捉えた『色彩論』は20年かかって書かれた大著で、色彩学の嚆矢。

光は研究対象ではなくアクティブな行為体

文豪ゲーテには、自然研究者という顔もあった。自然を分析的に計量化する科学者たちを批判した彼は、自然現象をたんなるモノとは考えず、人間に語りかけてくる生きた行為体とみなした。その独創的な思索の貴重な成果が『色彩論』であり、そこでは「自然の全体は、色彩を通して眼という感覚に自己を啓示する」と述べられている。

青は闇から生じるもの

ゲーテは、光学現象として色彩だけを扱うニュートンに対しては生涯批判的だった。ゲーテに言わせれば、ニュートンは光しか考慮しないが、色彩を生みだすものには光と光ならざるもの、すなわち闇がある。生成の観点を重視するゲーテによれば、黄色は光から、青は闇から生じる。闇もまた色なのだ。

人気者になれない君へ

光だけじゃ色は生まれない。日陰者でも大事な存在なのよ

※：アイザック・ニュートン（1642〜1727）イギリスの自然哲学者、数学者。万有引力の法則の発見などで知られる。

サピア＝ウォーフの「色」

言語によって色の認識が左右される

世界は言語で知覚される
ウォーフ
サピア

エドワード・サピア（1884〜1939）
ベンジャミン・ウォーフ（1897〜1941）
ともにアメリカの言語学者。言語の構造が人の世界認識に影響を与える、という「サピア=ウォーフの仮説」を提唱した。

言語が知覚を規定する

私たちの感覚や知覚のはたらきが、母語とする言語に左右されることを明らかにしたのが、言語学者のエドワード・サピアとベンジャミン・ウォーフだ。

日本人は虹の色は何色かと聞かれれば「赤・橙・黄・緑・青・藍・紫」の７色と答える。ところが、同じ質問に、アメリカ人は６色と答える。別に日本人のほうが眼の機能がよいというわけではない。たんに英語には「藍」をさす単語がないだけなのだ。

青女
六出

青女《せいじょ》は霜《しも》の異称。もともとは中国・前漢時代の哲学書に記された霜や雪をふらす女神のこと。

雪の結晶を６弁の花に見立て、雪を六出《りくしゅつ》、六出花《りくしゅつか》などという。また雪を匂いのしない花と見立て不香花《ふきょうのはな》と言うことも。

現実世界の把握のために、言語は万能なのか

このように知覚や思考、認知といった機能は、母語によってかなり束縛される。同じことは日本語のなかでも当てはまる。雪をさす語彙《ごい》ひとつとっても、雪国のひとたちに馴染みのそれは、温かい地方の人びとには想像もできないほど多彩である。

転職した会社の文化になじめない君へ

言葉を通じてその世界のルールを把握しよう

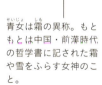

「言葉」って何？

あの箱は、もうバナナを取るための
踏み台じゃないな……

言葉（シンボル）は広い意味で記号《シグナル》の一種です。そして記号とは、何かを指し示すために用いられる代理表現だというのが一般的な定義です。

記号を操る生きものは人間に限定されません。たとえば、チンパンジーなどの類人猿は、天井から吊るされたバナナを取る踏み台として、箱を利用することができるという報告があります。「箱＝踏み台」という記号化が可能なのです。

ところが、同じ実験例で、箱の上に何か別のモノが乗っていると、もう踏み台とは認識できなくなってしまいます。モノをおろせば踏み台になるのに、そう考えることができないようなのです。さらに、同じ箱に椅子や容器など多様な用途があるということも、類人猿には理解できません。ここに何かの代理物として機能する記号《シグナル》と、二乗された記《シグ》号《ナル》すなわち何かの代理の代理…として機能しうる言葉《シンボル》との決定的な違いがあると考えることができそうです。

二重、もしくはそれ以上の意味を担いうる記号《シグナル》こそが、言葉《シンボル》なのです。

ロックの「言葉」

経験を積んで増えた観念をまとめる

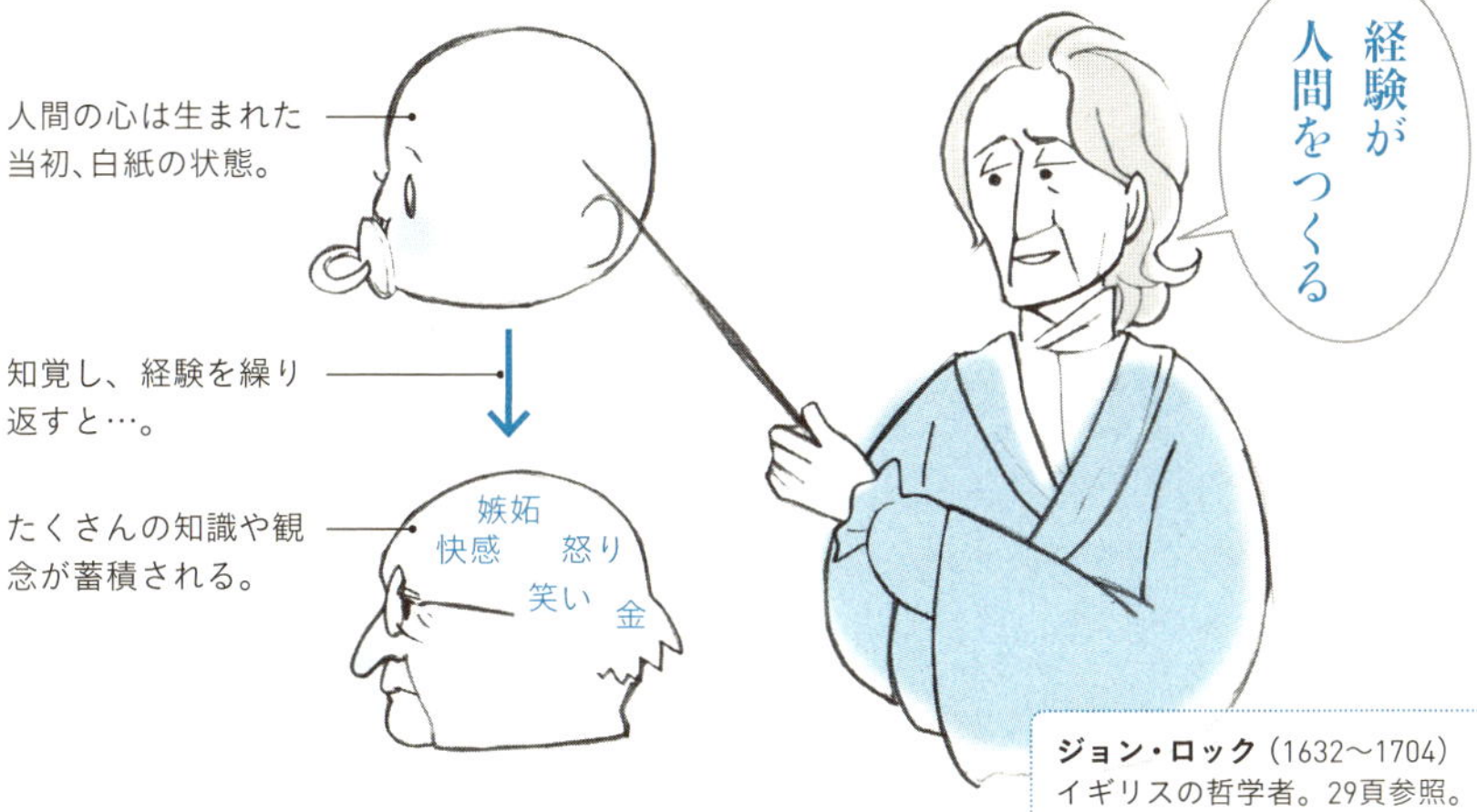
人間の心は生まれた当初、白紙の状態。
知覚し、経験を繰り返すと…。
たくさんの知識や観念が蓄積される。
嫉妬
快感
怒り
笑い
金
経験が人間をつくる

ジョン・ロック（1632〜1704）
イギリスの哲学者。29頁参照。

人間は白紙の状態から経験を積む

ロックはイギリス固有の思想とされる「経験論」の提唱者だ。経験論によれば、人間はタブラ・ラサ（白紙）の状態で生まれ、身をもって「経験」を積むなかですべてを学んでゆく。この場合「経験」とは、私たちが感覚を通して外界のものごとを認識する過程を意味する。

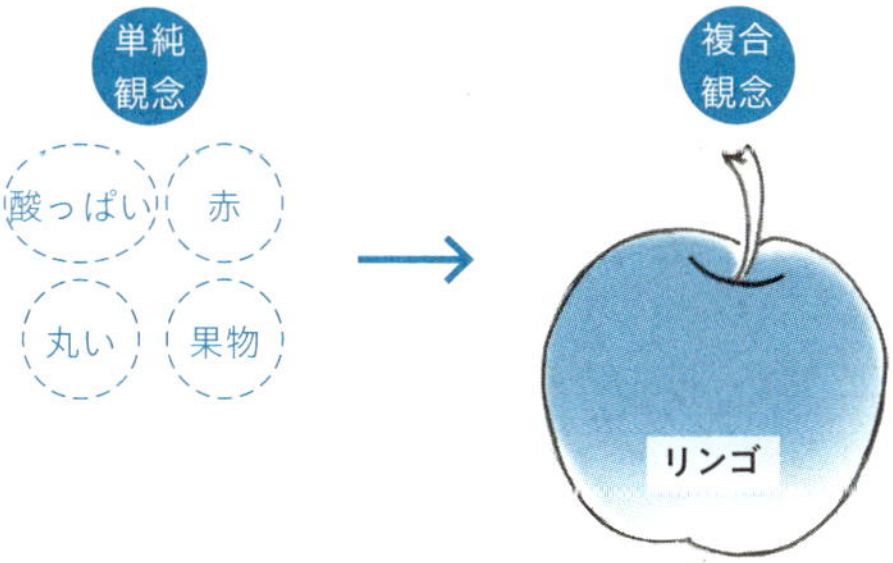
単純観念
酸っぱい
赤
丸い
果物
複合観念
リンゴ

観念の複合体の総称が「言葉」

ロックは、経験で認識された内容を「観念」と呼び、その観念を「単純観念」と「複合観念」とに区別した。単純観念とはたとえばものの色や香り、味、かたちのことだ。それらが総合されることでリンゴなどの複合観念が獲得される。さらに、同種の複合観念の経験が増えてゆくと、それらを総称する必要が生まれる。こうして複数の複合観念を取りまとめてカテゴライズするものが「言葉」だ。

語彙力がないことを悩む息子へ

いろんな経験を積んで複合観念をみがいていこう

ソシュールの「言葉」

認識は言葉に影響される

フェルディナン・ド・ソシュール
(1857～1913)
スイスの言語学者。ラングとパロールの概念のみならず、シニフィエ(※1)とシニフィアン(※2)などに着目し、現代思想の「構造主義」と呼ばれる分野に影響を与えた。

私たちの世界認識は「言葉」のうえに成り立つ

ソシュールは人間の「言語」についての古くからの信念をいくつも刷新した。その1つに、人間の世界認識が「言葉」のうえに成り立っているという言語観を広めた功績が挙げられる。

それまでは、言葉はものの名前だと考える「言語名称目録観(※3)」が通説だった。その典型が聖書冒頭でのアダムが神の創造した生きものに名前をつける場面だ。しかし、サピア＝ウォーフの「色」(49頁)で触れたように、色や虹を表現する言語の語彙に応じて虹の色は決まるのだから、言語名称目録観は成り立たない。

言語が世界をつくる

ソシュールの考えでは、言語は世界をあるがままに反映する表象ではない。逆に言語によって私たちの知覚や認識が規定される。ソシュールはこの「言語が世界をつくる」という事態を厳密に思考しようと努め、言語を分析するためのさまざまな専門用語を考案した。

その成果の一端が、日常生活で母語として流通している言語《ラング》とは広義の記号の一部であり、日々具体的に話されているのは、言語《ラング》の実体化したあらわれとしての言葉《パロール》だという区別だ。

外国人の友人を理解したいひとへ

その国の言語を学ぶことからはじめよう

※1：概念やイメージなど、記号内容のこと。
※2：音声や文字など、記号表現のこと。

ウィトゲンシュタインの「言葉」

会話のなかで意味が決定する

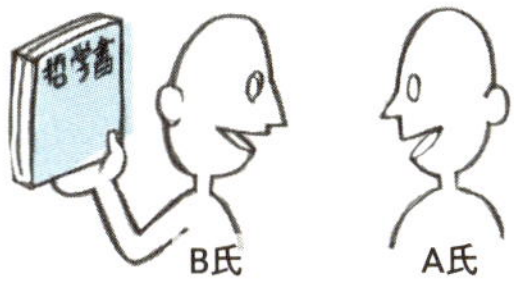
哲学書
B氏
A氏

A：ずいぶん難しそうな本だね
B：まあね

$
C氏
A氏

A：ずいぶん稼いだね
C：まあね

言葉のさす意味は会話（言語ゲーム）のたびに異なる

ルートヴィヒ・ウィトゲンシュタイン（1889〜1951）
オーストリア出身の哲学者。44頁参照。

言葉の意味は会話の数だけある

後期のウィトゲンシュタインは、「言語ゲーム」という概念を用いて、新しい言語観を提起した。それによれば、言葉の意味はあらかじめ決まっておらず、そのつどの会話（言語ゲーム）で使用された結果としてしか確定しない。しかもそこで確定した意味は、あくまでそのゲーム内でのみ通用するものだ。そうなると、言葉の意味は会話の数だけあることになる。

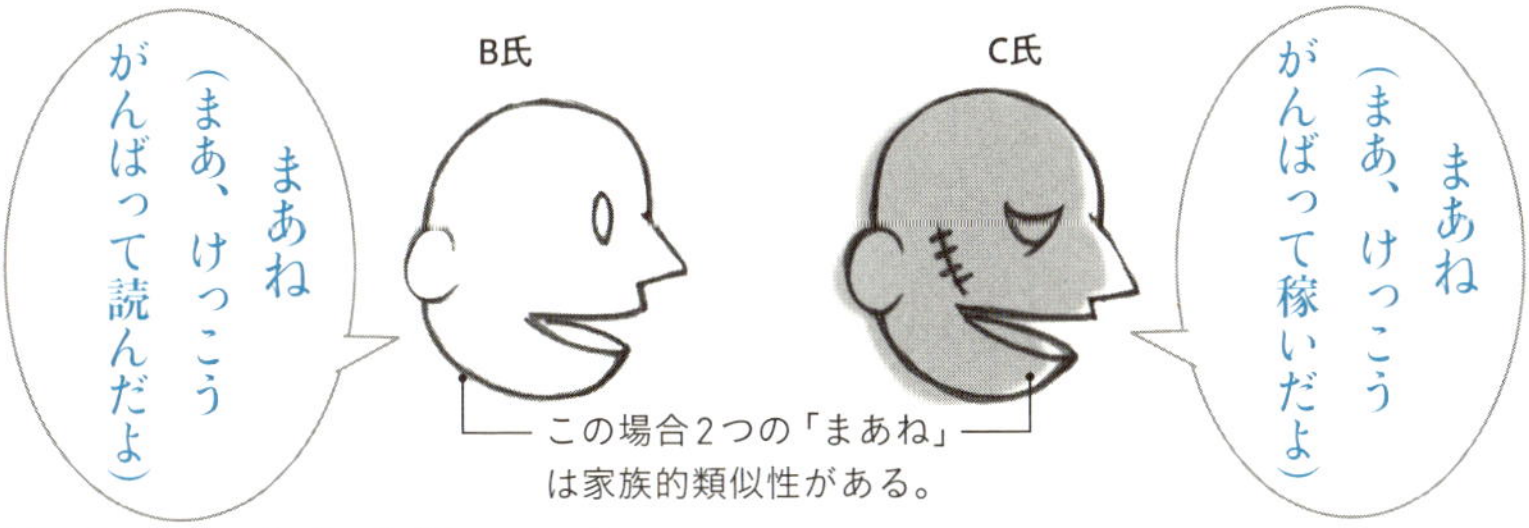
まあね（まあ、けっこうがんばって読んだよ）
B氏
C氏
まあね（まあ、けっこうがんばって稼いだよ）
この場合2つの「まあね」は家族的類似性がある。

言語は、なんとなく似ている

辞書には確定された言葉の意味が掲載されている。だが、ウィトゲンシュタインの考えでは、言葉の意味は言語ゲームのなかでそのつど決まる。では辞書の意味はどのようにして決まっているのか。それを考えるうえでのヒントになるのが、これも後期ウィトゲンシュタインが提起した「家族的類似性」という概念だ。

親子や兄弟はそれぞれどこか似ているが、そこに共通の法則はない。この、なんとなく似ているというありかたが言語ゲームで決まるそのつどの意味のあいだにも認められるのではないかとウィトゲンシュタインは言う。

雑談力をつけたい学生へ

言葉の意味はそのつど変わるので要注意

※3：言語名称目録観とは、世界とはさまざまな事物の集合体であり、それらの事物に事後的に一対一対応で付与された名称が言語だという発想。

column

自分探しの哲学史

他の誰とも違うこの世にただ一人の存在としての自分。それが哲学の主題となったのは、ようやく19世紀になってから、当時はヨーロッパの辺境だったデンマークでのことです。デンマークの哲学者キルケゴール（70頁）が、いまここに生きている自分を「実存」と呼んだのがそのはじまりでした。

キルケゴールはこう言います。「どこでもいつでも誰にでも当てはまるような真理など、どうでもよい。大切なのは、そのために生き、そのために死んでもかまわないと思える、おのれにとっての唯一の真理を見つけだすことだ」と。自分だけのための哲学が重要だというのです。生前デンマーク国内以外では無名だったキルケゴールですが、ドイツの牧師シュレンプ（1860〜1944）が彼の思想に惚れこんで独訳の全集を刊行したことから、ヨーロッパにその名が知られてゆきました。

第一次大戦の敗北後、焦土と化したドイツにおいて、キルケゴールの思想を踏まえつつ、個人の信念を重視する実存の哲学を練りあげたのは精神科医出身のヤスパース（1883〜1969）です。私という実存はただ一人しかいません。そのことをヤスパースは、「単独者」と表現しました。といって、普段私たちはそんなことをことさら意識したりはしません。戦争や死といった「限界状況」に置かれたとき、私たちは否応もなく自分が単独者であることを自覚せざるをえなくなり、さらにはそのような自分を支えてくれる「他者」との交わりを真剣に求めるようになるというのです。

第二次世界大戦後になると、今度はフランスのサルトル（26頁）を介して、実存哲学は無神論的実存主義として世界中に発信され、世界的にブームを巻き起こしました。

まず
自分がさきさ！
キルケゴールの10
歳年下の美人婚約者は
名門オルセン家の出身。
私を幸福にして
下さらないの!?
イケメン遊び人・
キルケゴール
深窓の佳人・
レギーネ
1841年、キルケゴールは
婚約を一方的に破棄、著作
に没頭した。有名人カップ
ルの破談はデンマークで大
きなゴシップの種となった。
独身のまま早世したキルケゴールは死後
の著作権をすべてレギーネに遺している。

3章

人生を考える

変わりやすい情勢や先行きの見えない状況が続く現代。哲学者たちがこれまでに見いだしてきた、人生にまつわる問題に対する答えは、私たちに何を教えてくれるだろう。

人生を考える

人生に意味はあるの?

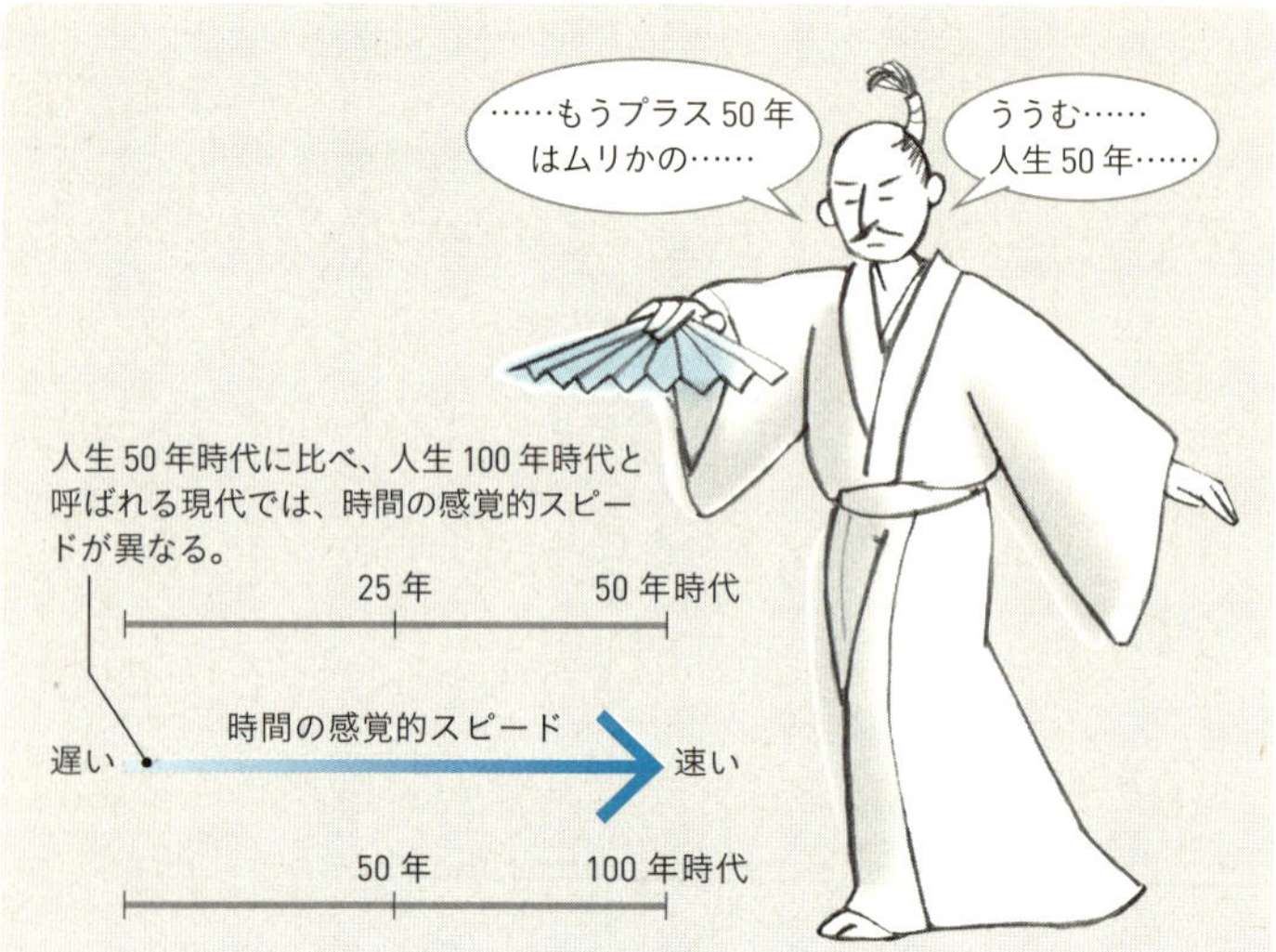

「人間五十年、下天《げてん》の内をくらぶれば、夢幻《むげん》の如くなり」
(幸若舞《こうわかまい》『敦盛』)

昔は「人生五十年」と言われていました。もとは幸若《こうわか》舞《まい》『敦盛《あつもり》』の語りの一節で、織田信長が舞ったことで有名です。江戸時代の井原西鶴《さいかく》も52歳のときに「浮世《うきよ》の月見過ごしにけり末二年」という辞世の句を残しています。

いまではどうでしょうか。男女とも平均寿命は80歳を超えています。とはいえ、若いころと同じような健康のまま長寿が迎えられるわけではありません。医療が進歩したとはいっても、いろいろな病が完治するようになったわけではなく、はっきり言えばなんらかの成人病を抱えた半病人状態の人口が増え続けているというのが現状でしょう。

子どものころの一年はとてつもなく長く感じられたものです。年齢を重ねるにつれて、ときの流れのスピードはますます速まってゆくようです。

その一方で、病気や怪我、自然災害や事故などでいつ人生が終わるかは誰にもわかりません。人生の全体がどういうものなのかが見通しがたい状況で、「人生」に関する問いにどう向きあえばよいのでしょうか。

イエス・キリストの「人生」

神に定められたもの

イエス・キリスト（前4〜後30）
ユダヤ教のありかたを革新し、説教や奇蹟によって多くの信徒を集め、救世主と呼ばれたが、人心を惑わせたかどでローマ帝国の第5代ユダヤ属州総督ピラトにより十字架刑に処された。

〈人生年表〉

紀元前4年	降誕（0歳）
紀元後10年	教師たちと聖書について語り合う（12歳）
紀元後27年	ヨルダン川でヨハネから洗礼を受け、宣教活動を開始する（30歳）
紀元後30年	「神の子」を自称した罪で、十字架刑に処せられ、死亡（34歳）。埋葬後3日目に復活し、40日後に昇天

人生は神に定められている

西洋で生まれ展開された哲学は、その少なからぬ年月をキリスト教とともに過ごしてきた。キリスト教では世界は唯一の存在である神によって無から創造されたと教えられる。被造物（30頁）である私たちの存在意義も、神に定められていることになる。

人生の意味は天国に召されること

キリスト教に従うなら、神の意にかなった生きかたをし、「最後の審判」で天国に召されるのが人生の意味だと言えるだろう。このように自分を超越した存在を意識することで現実の生活を律したり人生にはりが生まれるなら、それもありかもしれない。

落ち込むことがあったひとへ

神が定めた人生だからすべての出来事には何か意味があるはず

ニーチェの「人生」

神にすがらず、現実を受け止めよ

「神は死んだ」のに…

超越者にすがる人生は奴隷の人生だ！

フリードリヒ・ニーチェ（1844〜1900）
ドイツの哲学者。キリスト教の神の死を宣言し、善悪の彼岸にある「永遠回帰のニヒリズム」を唱えた。主著『悲劇の誕生』『ツァラトゥストラはかく語りき』。

超越にすがる人生はダメ

キリスト教のような超越的な価値にすがる生きかたを根本的に否定したのが、ニーチェだ。ニーチェに言わせれば、キリスト教とは「世俗化されたプラトン主義」だ。プラトン（25頁）は、この世界を理解するには個々のものの「イデア（4頁）」としての真理を認識しなければならないと主張した。このイデアの宗教版がキリスト教の神だとニーチェは喝破した。

いじめ
内気
涙
神なき世界を力強く生き抜く「超人」になろう

人生に必要なのは現実を受け止める強さ

ニーチェは、この厳しくつらい現実をそのまま受け止める強さこそが人生には必要だと考え、それに眼を背ける態度を「弱者の思想」と批判した。キリスト教は弱者への「同情の宗教」であり、強者へのルサンチマン（恨み）の宗教だと言うのだ。

つらいことがあった同僚へ

超越（神）にすがってはいけない。現実を受け止めることだ

トマス・ネーゲルの「人生」

二律背反、多いに悩め

人生って何？こうやって
悩むのが人間なんだ。
悩むことに
意味がある！

トマス・ネーゲル (1937〜)
アメリカの哲学者。人生論が展開される著書『コウモリであるとはどのようなことか』における「…であるとはどのようなことか(What is it like to be...)」という表現は有名。

問いにこそ、人間の人間たるゆえんがある

現代アメリカを代表する哲学者ネーゲルの考えでは、私たちは自分の「人生に意味はある」と言いきることができない。どうしても「人生に意味はあるのだろうか」と自問してしまう。ところがネーゲルは、この優柔《ゆうじゅう》不《ふ》断《だん》こそが人間の人間らしさだという。なぜだろう。

人生ってすばらしい
人生に意味はない
相互に矛盾していて、両立することができない関係を二律背反という。

二《に》律《りつ》背《はい》反《はん》こそが人生だ

こう問うからには、「人生に意味があってほしい」と誰もが思っているはず。その一方で、「そんなものはないのかもしれない」という疑念も頭から離れない。この二律背反にこそ、自意識を抱える人間という生きものの、よい意味でも悪い意味でも、他の生きものには見られない特異性が露呈しているとネーゲルは考えた。

人生に意味を感じられない娘へ

そうやって悩めるだけ幸せなこと。二律背反こそが人生だ

「幸福」って何？

「イケメンと結婚して、大金持ちになって……」。そう夢想するよりも、まず、あるがままの現実を受け入れてみては？

幸福になりたいと思わないひとはいません。でも、何を幸福と思うかはひとそれぞれです。

とすると、「幸福って何」という問いかたはあまりに漠然としています。そこで、この場合も問題の水準を変えるほうがよさそうです。問題は、「自分の考える幸福」はどうすれば実現できるのかと書きかえられます。

ところが、ここにも問題が潜んでいる。つまり、幸福を実現されるべきもの、希望される何かとして思い描くところに落とし穴があるというのが、現代フランスの哲学者アンドレ・コント＝スポンヴィル※の主張です。

それによれば、「希望する」とは、「いまここにないもの」を追い求める態度です。「いまここにないもの」に価値を置くのは、「いまここにある現実」から眼を背けることです。そうなれば、「現実は否定されるべきもの」でしかなくなります。そんな弱さに逃げ込まず、まずはあるがままの現実を受け入れ、それを肯定する強さをもつことが大切だとアンドレ・コント＝スポンヴィルは説いています。

※：アンドレ・コント＝スポンヴィル（1952〜）モラリストの系譜をつぐ現代フランスの哲学者。生きるための哲学を追求して、哲学ブームを生んだ。

アリストテレスの「幸福」

活動に幸福がある

建て主にとって完成した家が目的なら、家づくりという「行為」は幸福ではない。
「行為」の結果が目的ならその行為に従事するのは不幸だ

アリストテレス（前384〜前322）
ギリシャの哲学者。プラトンの弟子で、師の没後の42歳のとき、のちのアレクサンドロス大王の家庭教師に。7年後アテネに戻り、51歳で哲学学校のリュケイオンを開いた。

「活動」と「行為」は違う

アリストテレスは『ニコマコス倫理学』のなかで、行為自体に目的が内在するものを「活動」と呼び、その目的が外部にある「行為」とを区別した。それが幸福とどう関係するのかを知ってもらうためにも、まずはこの2つの違いを述べる。

たとえば家をつくる場合、目的は製作過程にはなく、行為の結果として完成する家のほうにある。つまり、行為の目的は当の行為の外部にある。そのため、家づくりは「活動」ではなく「行為」と定義される。

行為自体に目的がある。「活動」に従事できれば幸福だ
絵を鑑賞するというのは「活動」だからそこには「幸福」がある。

「活動」にこそ「幸福」はある

それに対して、たとえば美術館で絵画を鑑賞する場合、肝心なのは鑑賞といういとなみそのものだ。鑑賞という持続的な行為自体が目的だと言ってもよいだろう。つまり美術鑑賞は「活動」と言える。

このように、活動と行為の違いは目的がどこにあるかだ。アリストテレスが高く評価するのは「活動」のほうだ。だからアリストテレスは、「活動」に従事することこそが「幸福」と呼ぶに値すると考え、そうした状態を「エウダイモニア（至福）」と呼んだ。

幸せを探している友人へ

それ自体が目的になる行動をすれば幸せになれる

ベンサムの「幸福」

全員が幸福になれないなら多数決で

ジェレミー・ベンサム（1748〜1832）
イギリスの法学者。功利主義の創始者。快楽を肯定し、当時禁止されていた同性愛を擁護した。また売春や堕胎《だたい》など、「被害者なき犯罪」は犯罪とみなさなかった。

快楽や幸福こそが「善」

何を幸福と思うかはひとそれぞれだが、誰もが特定の集団のなかで生活する以上、ある程度価値観が共有されるものがその答えとなるだろう。功利主義（※1）の代表者ベンサムは、ある集団のなかでできるだけ多くのメンバーが共通に幸福とみなす事柄が最善のものだと考えた。

ベンサムは、共通の善の典型として幸福や快楽を重視し、より多いメンバーにより多くの快楽が供給されることをめざす「最大多数の最大幸福」という原則を提案した。

多数決の幸福

人びとのあいだにはつねに利害の衝突があり、全員が幸福になることはありえない。そこでベンサムは、たとえ少数の犠牲があってもより多くのひとが幸福になれることのほうを重視した。

多数決の原理と同じで、「最大多数の最大幸福」では全員が同じ満足を享受できるわけではない。しかし、これこそが社会政策の基本であるべきだと敢えてベンサムは言いきった。

決断を迫られている経営者へ

「みんなが幸せ」は難しい。多少の犠牲は多くの社員のため

※1：功利主義とは、社会における制度や行為の意義が、その結果として生まれる効用によって決まると考える立場。
※2：ヒルティ（1833〜1909）スイスの政治家・法学者・文筆家。一貫して聖書を重視し、みずからも禁欲的な生活を実践した。

アランの「幸福」

幸福めざして行動せよ

理性で上機嫌を維持するべき

ヒルティ(※2)の『幸福論』(1891)、アランの『幸福論』(1925)、ラッセル(※3)の『幸福論』(1930)を総称して「三大幸福論」と呼ぶ。信仰のひとであったヒルティにとって、幸福とは神に近づくことで得られる内省的なものだったが、ラッセルは逆に現実社会のなかで能動的に生きることのうちに幸福を見いだした。アランは、身体をきちんと整え、何ごとにも理性をはたらかせて上機嫌を保つことが肝要だと述べた。

アラン(1868～1951)
フランスの哲学者。本名エミール=オーギュスト・シャルティエ。リセの哲学教師だったが、第一次大戦時には志願して従軍するなど、けっして思索一辺倒ではなかった。

笑うから幸福なのだ

アランの『幸福論』は、幸福になるためのハウツー本ではないが、「幸福だから笑うのではない、笑うから幸福なのだ」という言葉に見られるように、観念的な精神論ではなく、具体的にふるまうことからおのずと得られる日常的な心持ちを重視した。

最近ついてないなと思ったら

まず笑ってみよう。そして幸福は自分から行動して掴みにいくもの

※3：ラッセル(1872～1970)イギリスの哲学者・論理学者・数学者。政治活動家としても知られる。ウィトゲンシュタインの才能にいち早く気づいて、『論理哲学論考』の出版に尽力した。みずから発見した「ラッセルのパラドクス」を解決すべく、「階型理論」を考案した。

人生を考える

なぜ働かなければいけないの？

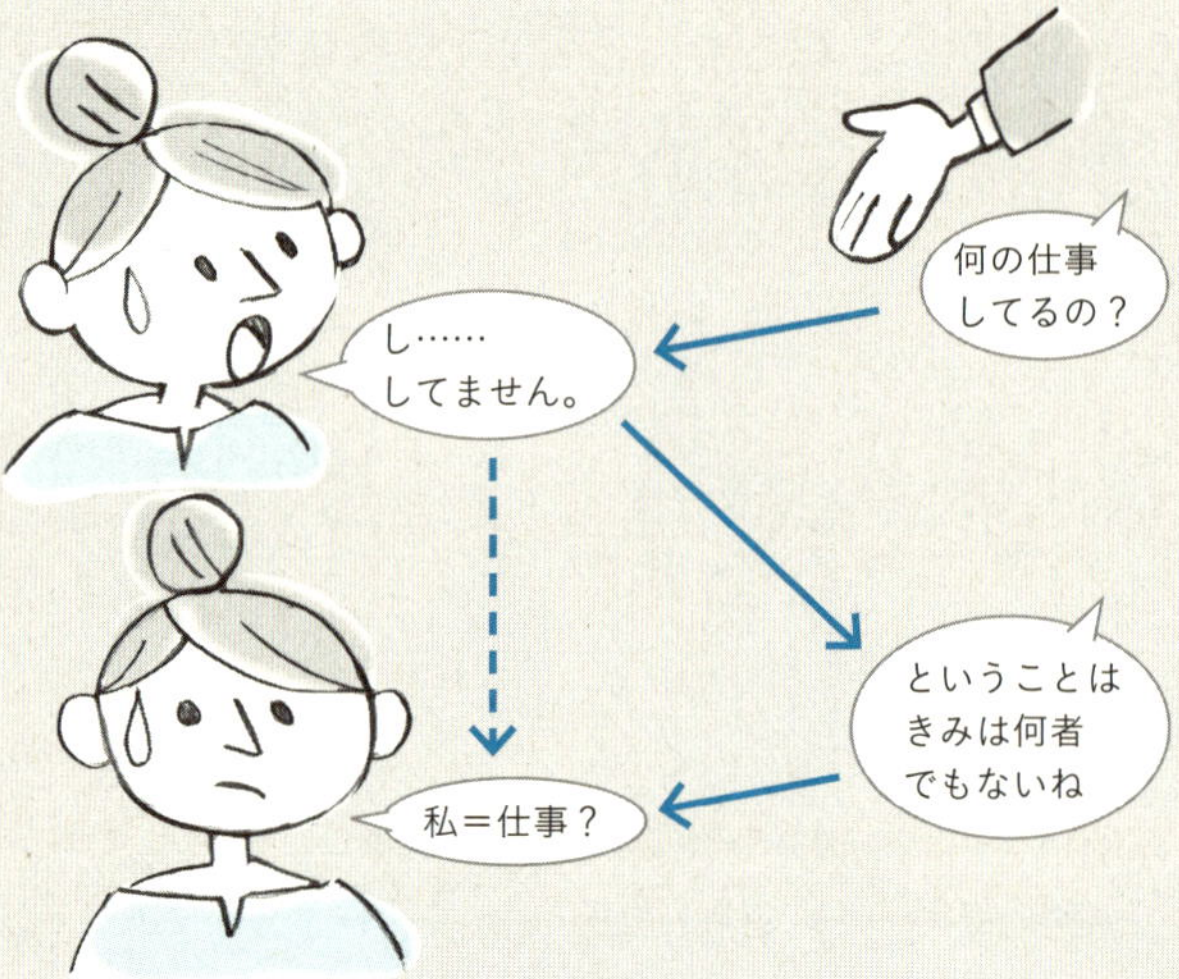

仕事で人間性までも決められてしまうの？

そもそも「働くのが生活のためだ」というのは誰にとっても大前提であることでしょう。しかし私たちは、本当に生活のためだけに働いているのでしょうか？

ノルウェーの哲学者ラース・スヴェンセン※は『働くことの哲学』のなかで、いまや仕事に関しては、給与をもらい税金を納めるといった外部との関係以上に、当人の内面生活とのかかわりのほうが重要視されるように変化しつつあると指摘しています。

たとえば、初対面の相手から最初に問われるのは、おそらく「何の仕事をしているか」でしょう。「私たちが何者なのか」という本来は実存にかかわる困難な問いへの答えは、「何の仕事をしているか」と問われてどう答えるかに左右されてしまうのです。でも仕事の内容と当人の人間性とは、無関係ではないにしても、イコールではありません。

だからこそ現代は、あらためて働く意味への問いや、生活と労働との距離をどうとるかといった問いが、ますます厄介な問題と化しているのかもしれません。

※：ラース・スヴェンセン（1970〜）ノルウェーの著述者・哲学者。身近なテーマについて哲学的に分析した著作でも知られる。

ロックの「仕事」

人間に個性や人権を与えるもの

ジョン・ロック(1632〜1704)
イギリスの哲学者。29頁参照。

労働こそ「所有権」の起源

ロックは、『統治二論』のなかで「所有権」の起源を労働という身体的活動に結びつけている。

神が創造した世界では、自然の恵みは万人に共通に与えられる。自然は共有財産であり、誰も所有権を主張できない。その一方で私たちは、自分だけの身体をもっている。身体を使った労働は人間に固有のいとなみだ。だから、労働による産物は個人の所有物になるべきだとロックは考えた。

労働の産物もその場となる土地もまた所有してOK!

人間は働くことによってのみ、人間となる

ロックによれば人間は働くことによってのみ、神の被造物(30頁)という地位を脱することができる。労働こそが人間に個性や人格といった主体性を与える。

さらにロックは、労働の産物のみならず、労働の場としての土地も所有の対象となると考えた。こうしたロックの議論は、資本主義社会の労働倫理の基礎となった。

就活生へのアドバイスとして

働くことを通して主体性が得られるよ

ハンナ・アーレントの「仕事」

仕事は生物的必然性を超えた行為、労働は生存のための行為

労働 生存のための行為

仕事 生物的必然性を超えた行為

活動 集団生活を送る人間相互にかかわる行為

人間の行為の3類型

アーレントは『人間の条件』のなかで、人間の行為を「労働」「仕事」「活動」に区分した。

「労働」は、生きものである人間にとって不可欠な生存のための行為だ。そして生物的必然性を超えた行為が「仕事」。芸術創作がその典型だ。集団生活を送る人間相互にかかわる行為が「活動」。「労働」や「仕事」は個人でも可能だが、「活動」は集団が前提になる。たとえば政治活動がそれにあたる。

必要に迫られて
やるのが労働…

ハンナ・アーレント（1906〜1975）
ドイツの哲学者。ナチズムが台頭したドイツからアメリカに亡命。みずからの体験をもとに『全体主義の起源』を著す。ナチスに協力したハイデガーとの愛人関係も有名。

「労働」ばかりが増えてゆく

アーレントによれば、私たちが働くのは「生きてゆくため」であり、必然的に「労働」の時間は増す。それとうらはらに「仕事」と「活動」はどんどん失われてゆく。そのかぎりでは、労働は私たちから自由を奪うものともなりかねない。

仕事（労働）にやりがいを感じられない夫へ

生存のための行為だとわりきろう

フーコーの「仕事」

人間という存在の前提

ミシェル・フーコー（1926〜1984）
フランスの哲学者。23頁参照。

怠け者は罰せられる

イギリスでは16世紀にはじめて救貧法が成立し、病気で働けない者には衣食が提供され、健康なのに怠惰《たいだ》で働かない者にはむち打ち刑が課せられた。浮浪者や失業者は怠け者として処罰の対象となった。

『狂気の歴史』のなかでフーコーは、中世において最大の悪徳は貪欲《どんよく》だったが、17世紀になるとそれが怠惰に取って代わられたと指摘した。

働かなければ人間ではない

産業革命のあと、労働者たりえない者は社会的な存在意義を欠いているとみなされた。そのような社会不適格者を強制的に労働させる矯正院《きょうせいいいん》もつくられた。

こうして、「働く」ことに価値を置く人間観が、資本主義経済の確立とともに社会全体に浸透してゆく。働くことが人間存在の前提となる世のなかは、現在も続いている。もちろん、このさき変わってゆくかもしれないが。

**働きたくない
ひとへ**

働くことで人間でいられる。現在、仕事は人間という存在の前提なのだ

人生を考える

「生きる喜び」ってどんなもの？

フロイト
ところかまわず
イチャイチャする
カップル
まったく人間は……。
本能がこわれているから、ときと場所を選ばないんじゃ

動物は生きてゆくうえで、本能に由来するさまざまな欲望にかられます。それが満たされれば「快」を覚え、阻止されれば「不快」と感じる。このある意味では即物的とも見えるメカニズムは、人間もほぼ同じでしょう。この場合の「快」こそが、私たちにとっては生きるうえでの喜びにあたるわけです。

ところが、精神分析学を創始したフロイト（40頁）によれば、本能に由来する欲望のエネルギーとその欲望を満たす形式とのあいだに、あまたいる生きもののなかで人間だけに齟齬《そご》が認められるようです。

たとえば、ほとんどの生きものは発情期にだけ交尾します。種族保存の本能のなせるわざですが、それに比べて、人間の性行動はときと場所を選びません。しかも、その充足のパターンたるや、なんでもありにもほどがあります。

では、かくも本能から外れて存在する人間の「生」は、それだけ無限の楽しみや喜び、「快」に満ちているのでしょうか。

ショーペンハウアーの「快」

芸術こそが快楽でありやすらぎだ

性欲、食欲、
金銭欲……
生命の衝動に
翻弄される
人生のつらい
ことよ。
人生は苦しみに
満ちている！

人間の意志、それは生きたいという衝動

ショーペンハウアーは生きものとしての人間の根本は生きようとする無意識の本能、生命的衝動だと考えた。彼はそれを「意志」と呼んだ。

だからショーペンハウアーの「意志」は、人間の個人的な発意とはまったく違う。人間という生きものを根底において突き動かす盲目的な衝動なのだ。

アルトゥル・ショーペンハウアー
(1788〜1860)
ドイツの哲学者。盲目的な意志に突き動かされる人生は苦しみに満ちているとし、芸術に救済を求めた。主著『意志と表象としての世界』。

ショーペンハウアーは音
楽を芸術のなかでもっと
も高次のものとした。

芸術にやすらぎがある

意志は、本来いかなる楽しさや喜びとも無縁だ。私たちは意志の衝動を自分の身体のふるまいとして表象し、理解ないし制御しようとする。そうした表象活動のなかでも、意志をなぐさめ、つかの間の生きる喜びを与えてくれるいとなみとして、ショーペンハウアーは「芸術」を高く評価した。芸術こそが私たちにとっては快楽であり、ささやかなやすらぎなのだ。

生きる喜びを見つけたいひとへ
芸術に触れよう。特に音楽がオススメ

キルケゴールの「快」

唯一存在である実存をめざせ

人間は
段階を経て
真の実存となる

ゼーレン・キルケゴール
（1813〜1855）
デンマークの思想家。不安と絶望のうちにあっても個人の主体性こそが至高のものだと考え、実存主義の先駆者とされる。著書『死に至る病』『人生の諸段階』など。

美的
段階
倫理的
段階
宗教的
段階

快楽や美を追求する。　安定した自己を保つ。　神と向きあう。

段階を踏んで生きる喜びを見いだす

キルケゴールは、世界に唯一の存在である自分を「実存」と呼んだ。とはいえ、いつかのどこかに生きる以上、自分だけに固有の生きかたなどできるわけもない。

そこでキルケゴールは、実存のたどる人生行路にいくつかの段階を設定した。

最初が、自分にとって心地よい快楽を目標として追求する「審美」的生きかた（美的段階）だ。ただ、私たちを惹きつける快や美は無尽蔵であり、やがて追求し続けることが目標であるかのような倒錯に、この生きかたは陥る。

そこからつぎに、外面的な目標を追いかけて振りまわされるのではなく、安定した自己を保つ「倫理」的生きかた（倫理的段階）をめざすことが可能になる。

なお、キルケゴールの考えでは、最終段階は宗教的段階となる。

生きる喜びを見つけたいひとへ

この世でただ一人の自分になることだ

チクセントミハイの「快」

フロー体験をせよ

フローに入ると快感…って
そっちのフロじゃないよ。
すべてを対象に注ぎ込むのがフロー体験！

ミハイ・チクセントミハイ（1934〜）
ハンガリー出身のアメリカの心理学者。「フロー」感覚のヒントは禅などから得たという。著書『フロー体験——喜びの現象学』など。

生きる喜びを実感する体験

心のメカニズムの客観的な解明よりも、どうすれば充実した人生を送れるか、心が愉しくなれるか追求する心理学が、20世紀後半にアメリカで誕生した。その代表が、チクセントミハイによる「フロー」体験理論だ。心底打ち込める対象を見つけ出し、自分の心理的エネルギーのすべてをそこに注ぎ込めれば、とてつもない快感が得られる。その状態が「フロー（flow）」と呼ばれる。

つぎは
150m超えを
めざすぞー
スポーツは目的が明確
で、コントロール可能。
つまりスポーツからは
フロー体験を得やすい。

勉強や仕事でもフロー感覚は得られる

フロー体験は典型的には音楽家やスポーツ選手に見られるものだが、普通の学生や会社員でも勉強や仕事に取り組むなかでフロー感覚を得る瞬間がある。そのとき、当人のなかでは通常の時間感覚は消失し、周囲と完全に一体化していながら、それでいて精神は明晰で、不安など微塵も感じられない、そんな特別な瞬間が実現している。

部活動をどうしようか迷っている子どもへ

何かに打ち込むことでフロー体験（快感）が得られるよ

人生を考える

「死ぬ」って、どういうこと？

しめしめ……
遺産は私のもの
ずーっと
忘れないよ

死後について考えることは何もない。ただし、
死者と周囲のひととの関係性は死後もなお残り続ける。

理屈で言うなら、死ぬとどうなるかと問われたときに、考慮すべきケースは二つしかありません。

・死ねばすべてが失われる。
・死後に存続する何かがある。

　前者であれば、死のあとには何もない以上、死について考えること自体が不可能であり無意味です。

　かといって、後者の場合でも、死後に残るとされる何かと生きている私たちがコンタクトを取る手段がない以上、やはりそれについて考えうることは何もありません。

　そもそも死を個体レベルで考えることに無理がありはしないでしょうか。さまざまな発掘調査からして、現生人類のルーツとされるネアンデルタール人が死者の埋葬をはじめたのは、いまから約10万年も前のことです。つまり、太古の昔から、死とは個人と残される周囲の人びととの関係にかかわる出来事なのです。

　埋葬された死者は、そのかぎりで依然として私たちのまわりに存在しているのです。

ブッダの「死」

死(輪廻)の苦痛から逃れるには執着を捨てて解脱せよ

輪廻からの解脱が仏教の目標

紀元前10世紀以前から古代インドには、万物は輪廻転生《りんねてんせい》するという信仰があった。しかし当時の人びとにとって輪廻とは、この苦しい一生がまた繰り返されるという苦痛でしかなかった。だから輪廻の円環それ自体からの解脱《げだつ》が強く希求されていた。

そうした願望に応える思想として登場したのが、仏教だ。

古代インドでは、すべての生きものは迷い・苦しみの世界で何度も生を繰り返すと考えられていた。

あら不思議！
輪廻が消えた！
執着を捨ててごらん

ブッダ（前463ごろ〜前383ごろ）
仏教の開祖。シャカ族の王子で、姓はゴータマ、名はシッダールタ。29歳で出家し、35歳で悟りを開き、ブッダ（目覚めた者）となった。ガンジス川流域で布教活動をおこなった。

執着を捨てれば苦しみから解放される

ブッダは、人間のあらゆる苦しみは、何かを望んだり恐れたりする私たちの心のありかた、すなわち執着心（渇愛《かつあい》）に由来すると考えた。誰かを好きになるから別れが辛くなり、死ぬのが怖いと思うから生に執着する。

ならば、そもそも執着すべきものなど何ひとつないとしたらどうだろうか。執着心が捨てられれば、いまの暮らしを苦しいと思う気持ちも、来世への輪廻を厭《いと》う気持ち自体もなくなるだろうとブッダは説いた。

死ぬのが怖いというひとへ

生きたいという執着心が死の恐怖の正体なのだよ

ソクラテスの「死」

死は不幸ではない

ソクラテス（前470ごろ～前399）
ギリシャの哲学者。39頁参照。

私は死については何も知らない

　ソクラテスは、「異教の神を信じ、若者を堕落させた」という罪状で死刑を命じられる。死刑の瞬間、彼の周りには家族や友人が集まって涙をこらえていた。ソクラテスは、彼らと最後の問答を交わしたあと、ドクニンジンの杯をあおり、亡くなった。

　死の直前のソクラテスは「誰も死後を知らないのに、死を恐れるのは、賢くないのに賢人を気取ることと同じだ。私は死については何も知らない」と述べている。「自分は何も知らない」という「無知の知」のスタンスを最後まで崩さなかったのだ。

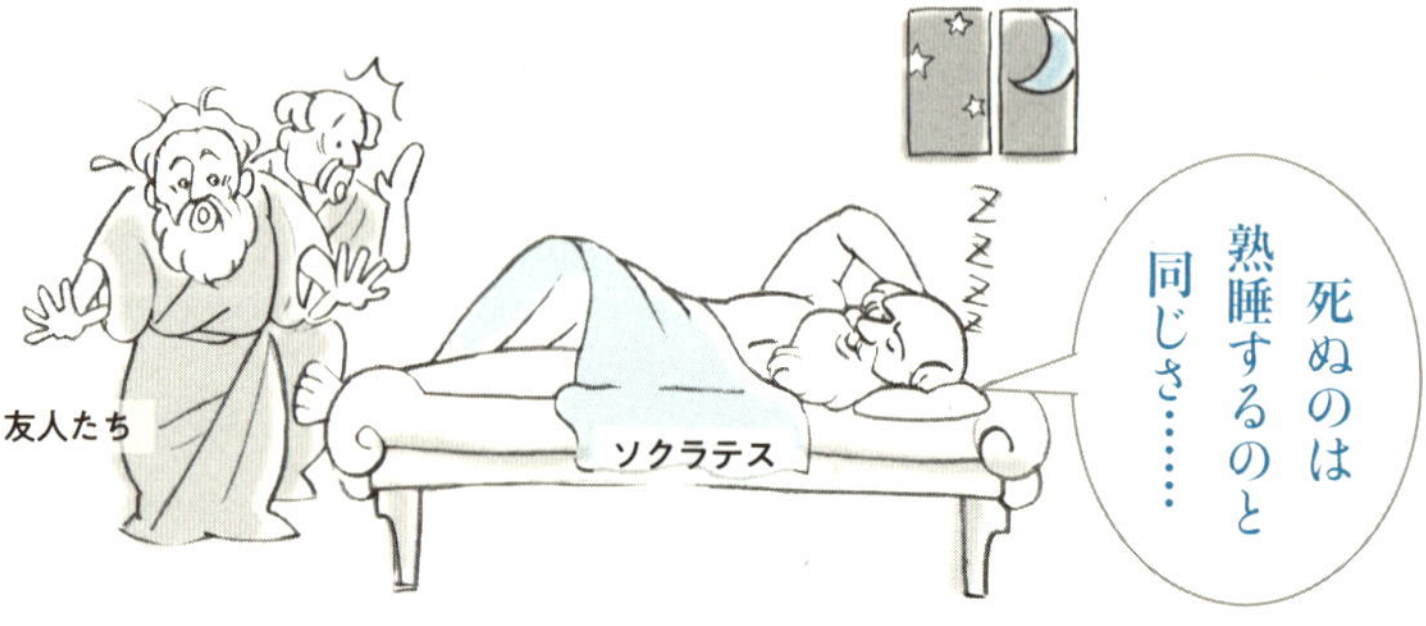

死は夢ひとつ見ない熟睡した夜のようなもの

　もし死が唯物論者たちの言うように虚無に帰する全感覚の消失なら、それは夢ひとつ見ない熟睡した夜のような幸福なものだし、他方で冥府《ハデス》があるならば、そこでホメロスやヘシオドスと交わることもでき、神々とともに永遠の生を享受できるようになる。つまり死はちっとも不幸なことではない、ともソクラテスは述べていた。

死ぬのが怖いというひとへ

死後のことはわからないから不安に思わなくていい

ハイデガーの「死」

主体的に死と向きあえ

マルティン・ハイデガー（1889～1976）
ドイツの哲学者。41頁参照。

死の不安から眼をそらす「世人」（ダス・マン）

自分とは何かという問いに正面から向きあうのを避けて、他の人びとに倣ってふるまうことで不安から眼をそらした生きかたをしている人間を、ハイデガーは「世人」（ダス・マン）と呼んだ。

では、そうした非本来的な生きかたから脱して本来的な自分に立ちかえるにはどうしたらよいのだろうか。

一回きりの死と向きあって生きる

本来の自分に向きあおうとするためのきっかけとしてハイデガーは、死を重視した。自分の死は自分にのみ生じる出来事でありながら、みずから体験することはできない。その意味で自分の死とは「不可能性の可能性」と言える。そのような自分の死と向きあうことで、本来的な自分の姿も見えてくるのではないかとハイデガーは考えた。

終活をはじめるひとへ

死と向きあうからこそ自分のやるべきことを見いだせる

column

運命論と哲学

「運命」とは何でしょうか。その答えは、時代とともに変わります。ギリシャ悲劇における「運命」とは、英雄が知力のかぎりを尽くしても乗りこえられない壁として立ちはだかるものでした。キリスト教が普及すると、「運命」は「自由」の対抗概念となりました。すべてが神の創造物である以上、被造物（30頁）の一員にすぎない人間の存在意義ももっぱら神の意志によって与えられたものでしかなく、そこに人間固有の自由などありえません。当然、自分の運命を変えることなど望むべくもありません。このように、キリスト教の時代になると、神の意志という宿命に対して人間に自由はありうるのかという構図が生まれます。

教父アウグスティヌス（17頁）は、こう考えました。人間は無からつくられたがゆえ、無に帰ろうとする根本的な衝動を抱えている。人間が悪をなすのは、この衝動による。それに負けず、自分たちを創造した神に少しでも近づこうとすること。これが神から与えられた自由意志の本来の使いかただと。

ルネサンス初頭の貴族出身の哲学者ピコ・デラ・ミランドラ(1463〜1494)は、神の天地創造を例にひきながら、こう考えました。神は空・海・陸のそれぞれの場所に、そこで生きるに相応しい能力をもった生物を創造された。空には羽根をもった鳥を、海には鰓《えら》をそなえた魚を、陸には四つ足の獣を、といった具合に。最後に創造した人間にはもはや住むべきいかなる場所も、与えるべき能力の在庫も尽きていた。そこで神は人間に、どこにでも好きに赴き、どこにでも好きに住む工夫をしてよいと命じられ、そのための能力として自由意志をくだされた、と。

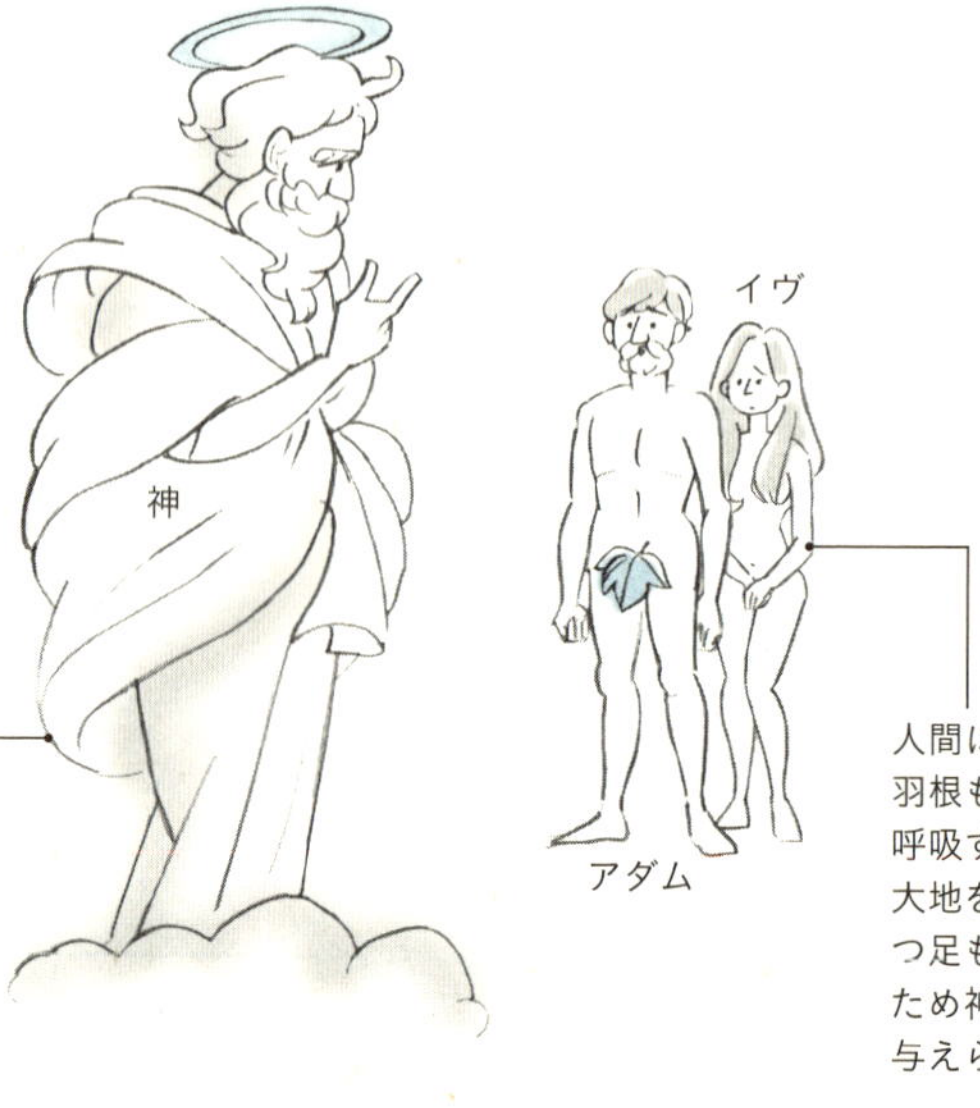

神は人間に自由意志を与えた。

人間には空を飛ぶ羽根もなく水中で呼吸する鰓もなく大地を駆け回る四つ足もない。そのため神から自由が与えられた。

4章

正義を考える

「何が正しいのか」と考えるとき、個人の価値観や置かれた状況に左右されることが多い。「正しさ」に関する問いをどのように考えるべきだろう。

正義を考える

「正義」って何？

配分的正義で考えると…… → 基本給 ＝ 基本給

矯正的正義で考えると…… → ＋能力給、歩合など ＞ 基本給のまま

配分的正義だと、みんな給料は同じ。これって正しいんだろうか？

正義とは何かという問いにも長い歴史があります。この問いに古典的な定義を与えた哲学者がアリストテレス（61頁）です。彼はまず、正義とはどんな場合にもその正しさが認められるべき「完全徳」だと考えました。

そのうえでアリストテレスは、正義を「配分的正義」と「矯正的正義」とに分けます。

配分的正義とは、関係する全員を対等に扱う正義のことです。会社でいえば、まじめに働く者にもサボる者にも社員には同じ給料が支払われねばなりません。

矯正的正義とは、対等でない関係性を法によって是正する正義のことです。その場合、かりに法が間違っていたとしても、法に服従することが絶対のルールです。

しかし、前者について言えば、まじめな社員にもグータラ社員にも同じ給料が払われることに疑問を抱くひとは少なくないでしょうし、後者について言えば、間違っている法に従うのが正しいのかと誰もが感じるでしょう。そもそも、普遍的な正義はありうるのでしょうか。

カントの「正義」

全員が望ましいと思えるルールに従って行動せよ

定言命法による
ルールは正義！
困っているひとには親切にすべき！
これは定言命法によるルール。

イマヌエル・カント（1724〜1804）
リンゴに「赤く」「丸い」性質はなく、知識として「赤く」「丸い」概念がそなわるからそう見えるにすぎない…認識論に「コペルニクス的転回」をもたらしたプロイセンの哲学者。

行動のルールを自分で決める

ヨーロッパの18世紀は「啓蒙(※)の時代」と呼ばれる。この時代を代表する哲学者がカントだ。

カントによれば、自分の行動のルールは自分で決めねばならない。そのためには、みんなもそうするのが望ましいと思えるルールに従って行動すればよいと言う。そのようにして決まるルールをカントは「定言命法」と呼んだ。無条件で万人に適用可能なルールである「〜すべき」という定言命法だけが、正義を実現しうるのだ。

当選したいから税金ゼロを約束する。これは仮言命法によるルール。
仮言命法による
ルールは
正義に反する！

仮言命法は正義ではない

それに対して、自分だけのための利害や幸福で行動するようなルールは、「仮言命法」と呼ばれる。たとえば、「自分が褒められたいから、よいことをしよう」という仮言命法によるルールは、その行動自体が正しいとしても正義ではない。なぜなら行動の目的や動機が、全員に当てはまる普遍性を欠いているからだ。

正義のヒーローに憧れている子どもへ

みんなが望ましいと思う行動を心がけて

※：慣習や迷信に惑わされず、自分の頭で考え、理性的に判断すること。

ロールズの「正義」

自分のためではない社会の利益を考えよ

ジョン・ロールズ（1921〜2002）
アメリカの哲学者。1971年に刊行した『正義論』は大きな反響を呼び、その格差原理を基本的な理念としたアファーマティブ・アクションはその後、現実に運用されている。

「無知のヴェール」を想定してみる

ロールズは、公正な正義を実現するための前提として、「無知のヴェール」という状態を仮定した。それは、一般的な状況はすべてわかっているが、自身の出身・家族関係・社会的な地位・財産の状態などについては何も知らないという状態だ。

原理1：自由は万人に平等に与えられる。不平等が生じてもそれはしかたない。

原理2：差別されてきたひとたちに教育や雇用の機会を保証するためのアファーマティブ・アクション(積極的措置)。ロールズはアファーマティブ・アクションに影響を与えた。

正義の２つの原理

この「無知のヴェール」の想定から、ロールズは正義の2つの原理を導き出した。

1つめ、他者を侵害しないかぎり、自由は万人に平等に認められるべきだ。

2つめ、もっとも不遇なひとが、最大の利益を得るべきだ。ただし、まったく同じ条件のもとで不平等が生じたとしても、しかたがない。

とかく平等が軽視されてきた功利主義的なアメリカの保守主義に対し、リベラリズムの側から理論的な反駁を試みたのがロールズの『正義論』であった。

企業の行動規範として

自分のためではない社会全体の利益を第一に考える

サンデルの「正義」

共同体を超える共通善を探せ

何らかの価値観をもつのが人間。
無知のヴェールなんてかぶれない。

私たちはみんな、共同体の成員だ

マイケル・サンデル（1953〜）
アメリカの哲学者。共同体主義（コミュニタリアニズム）の論客で共同体相互に通底する共通善を強調する。著書『これからの「正義」の話をしよう』はベストセラーとなった。

ひとは生まれ落ちた共同体の価値観から逃れられない

サンデルは、ロールズの「無知のヴェール」という想定を非現実的だと批判する。どんな人間も逃れられない無条件の前提として、サンデルは生まれ育った共同体の価値観を重視する。

自分の家族や出自がいまの自分の考えかたに影響を与えていることは否定できない。そこに透けてみえる価値観はなかったことにはできないとサンデルは指摘した。

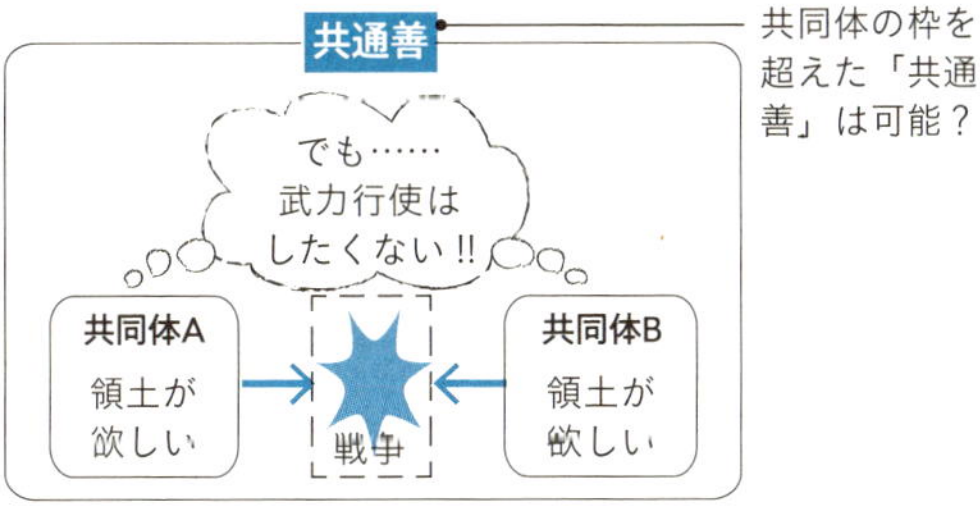
共通善
共同体の枠を超えた「共通善」は可能？
でも……武力行使はしたくない!!
共同体A
領土が欲しい
戦争
共同体B
領土が欲しい

普遍的正義はありえない

当たり前の話だが、価値観は共同体ごとに異なる。当然、何を正義とみなすかについても、万人が共有できる価値観はない。共同体ごとにばらばらの価値観がぶつかりあって、テロというかたちで噴出しているのが現在の世界の実情だろう。

普遍的正義のありえない状況のなかで、どこまでローカルの枠を超える普遍性をもった価値観（共通善）を提出できるかが今日問われている。

留学生と意見があわなかったら

みんなが共有できる価値観を探そう

自分を犠牲にするってえらいの？

利他主義？　と思える行為も、実は利己主義！

利己主義という言いかたがあります。主義というとたいそうなことのように感じられるかもしれませんが、誰でも「自分が一番かわいい」というのは掛値なしのところでしょう。

その対義語《ついぎご》が利他主義です。自分よりも他人のほうを優先する態度を意味します。といって、必ずしもそれは自分を犠牲にすることを意味するわけではありません。

日本には「情けはひとのためならず」という諺《ことわざ》があります。もともとは「他人に善行を施すと、それはまわりまわって自分にかえってくる」という意味です。短期的には利他的に見えても、長期的に見るなら利己的な行為ということになる。逆に言えば、真の利己主義者であろうとするなら、長期的な合理性をも考慮すべきである以上、ある程度利他的な行動を選択することもきわめて合理的なふるまいとみなしうるということです。

では、一見すると他人を優先する態度を意味する利他主義も、利己的ではないと言えるのでしょうか。

カントの「自己犠牲」

目的をもった自己犠牲は非道徳だ

自己犠牲を
「他人のため」という
目的達成のための手段
にしてはいけない

イマヌエル・カント（1724〜1804）
プロイセンの哲学者。79頁参照。

「他人のため」は非道徳的

自己犠牲の究極の形態は、他人のために自分の生命を犠牲にすることだろう。

カントは、個人の利害や幸福を目的としておこなわれる行為に、いかなる道徳性も認めなかった。その考えかたでゆけば、その個人が当人であると他人であるとにかかわらず、「他人のため」という大義名分もその行為の道徳性を担保するものたりえない。

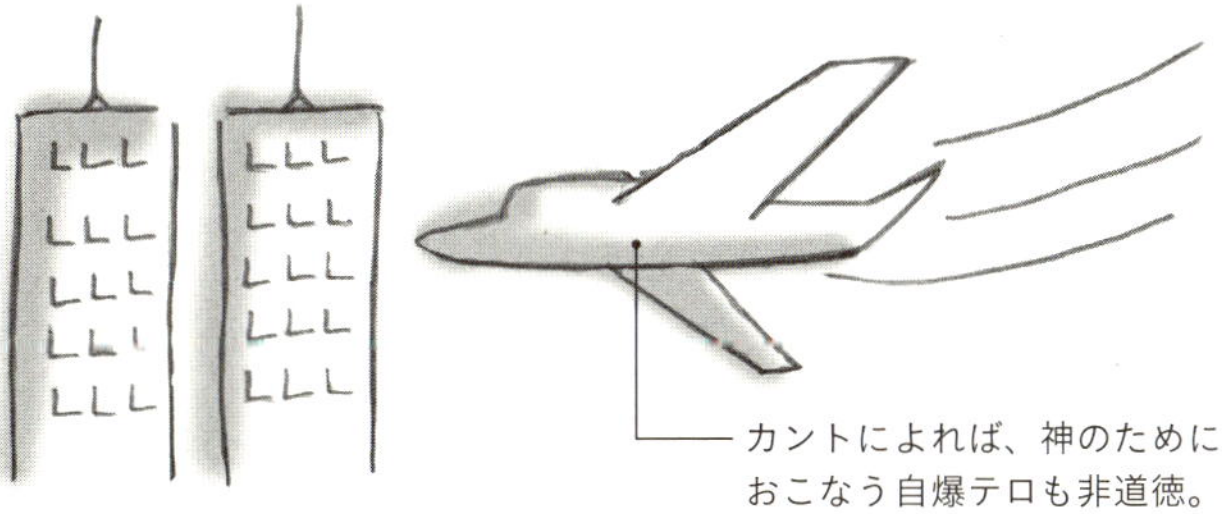

カントによれば、神のためにおこなう自爆テロも非道徳。

自己犠牲が道徳的とはかぎらない

もちろん、一般に自己犠牲的な行為がまったく無意味だというわけではない。だが、カントの議論を考慮に入れないと、たとえば自爆テロを否定する論拠も失われてしまう。信じる共同体のために自分を犠牲にする自爆テロが許されないのは、そうしたわけだ。

テロリストに憧れる友人に

どんな目的があろうとも自爆という手段は間違っている

宮澤賢治の「自己犠牲」

ひたすら他人に尽くすべし

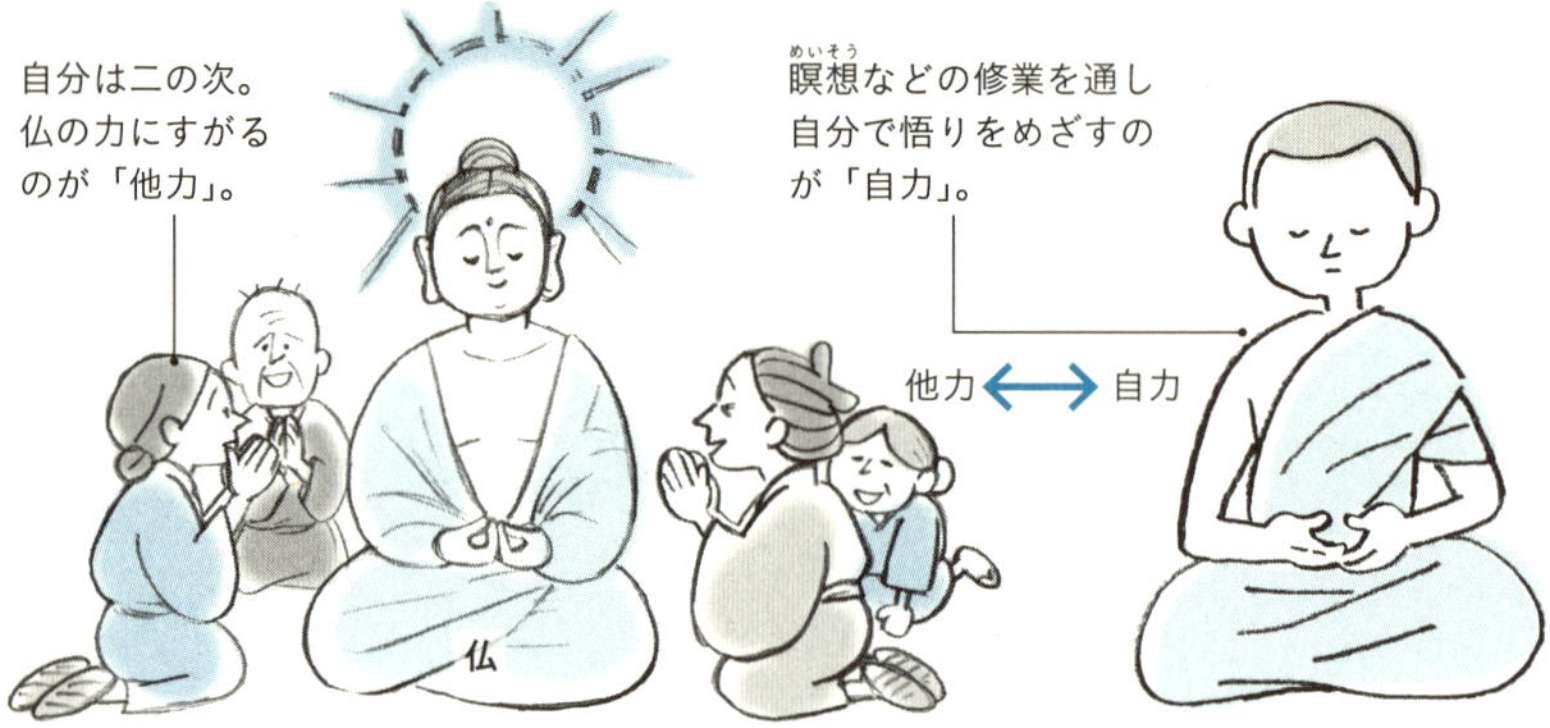

「他力本願」は大乗仏教

仏教では、みずから修行して悟りをめざす「自力」の立場と、悟る力をもった存在によって悟りをめざす「他力」の立場が区別される。前者はブッダ（73頁）自身が通った道をめざすもので上座部《じょうざぶ》仏教と呼ばれ、後者は後半生を衆生の救済にあてたブッダの精神を活かそうとする立場で大乗《だいじょう》仏教と呼ばれる。いまでは、「他力本願」と聞くと怠け者の言い訳のように思われるが、もともとはそうした意味ではなかった。

宮澤賢治（1896〜1933）
日本の詩人、童話作家。故郷の岩手をモチーフにイーハトーブと名づけた架空の理想郷を舞台として創作をおこなった。法華経信仰と農民生活がその背景にはある。

自己犠牲を主題とした宮澤賢治

大乗仏教の代表的な経典の1つである『法華経』では、ひたすら他人に尽くすことを意味する「利他心」の重要性が説かれている。この経典を心のよりどころとした作家の宮澤賢治は、自己犠牲を主題とした作品を数多く残している。

代表作としては、「みんなの幸《さいわい》のためならば僕のからだなんか百ぺん灼いてもかまわない」と主人公ジョバンニが親友カムパネルラに語りかける『銀河鉄道の夜』が挙げられる。

自己中心的なひとへ

他人のために尽くすことこそが生きる意味だよ

マザー・テレサの「自己犠牲」

ひとにしてもらいたいことをせよ

宗派を問わず病者や貧者の世話をしたマザー。とても小柄で身長は152cmほどだった。

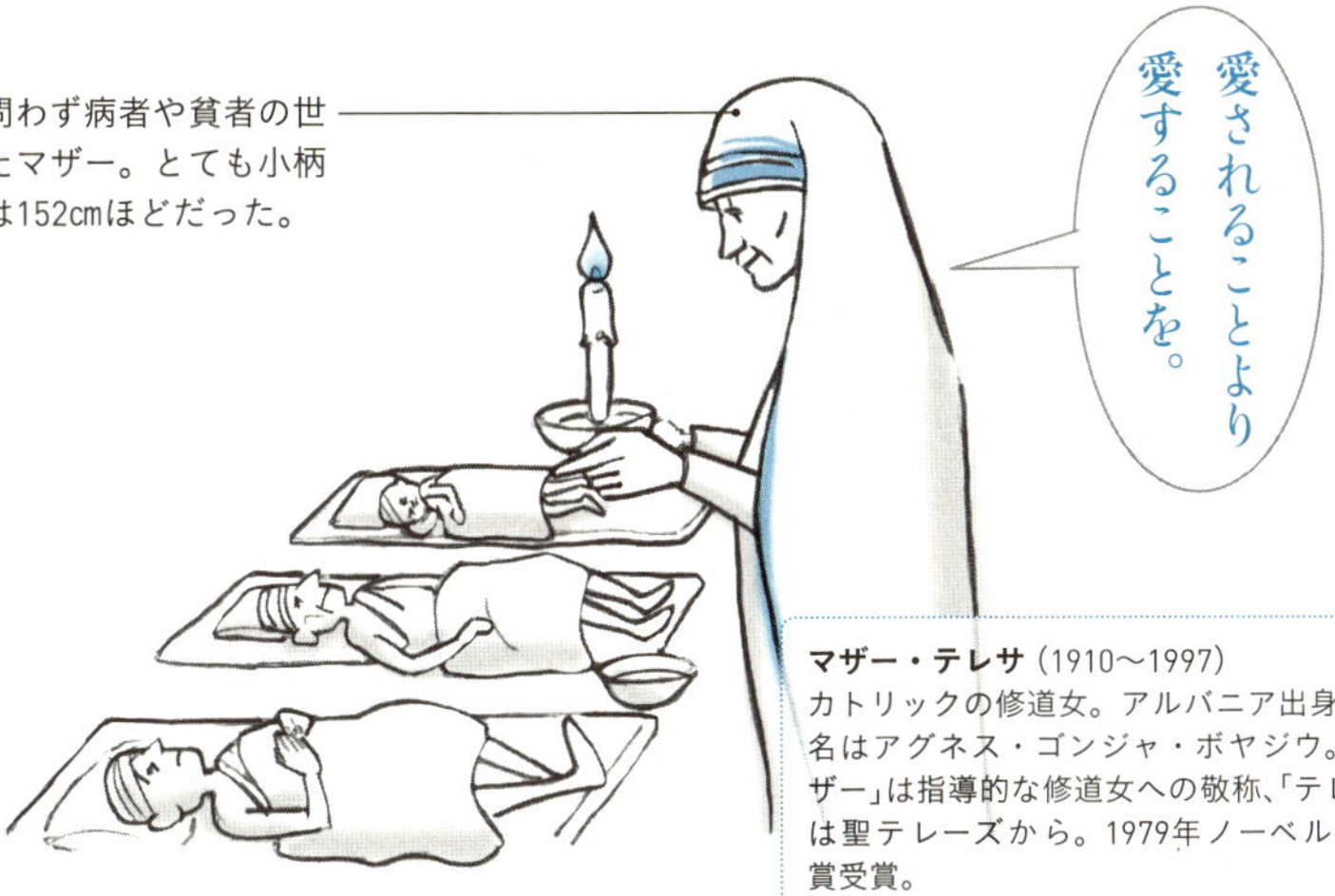
愛されることより
愛することを。

マザー・テレサ（1910〜1997）
カトリックの修道女。アルバニア出身で本名はアグネス・ゴンジャ・ボヤジウ。「マザー」は指導的な修道女への敬称、「テレサ」は聖テレーズから。1979年ノーベル平和賞受賞。

宗教・宗派を問わず万人を救う

マザー・テレサは、生涯を最下層の貧しい人びとの救済のために捧げた。相手の宗教・宗派や地域の枠にとらわれることなく、インド・カルカッタのスラム街にあるヒンドゥー教の廃寺院で慈善活動に励む彼女の姿勢は、当初はカトリック教会上層部の認めるところではなかった。貧しい人びとの目線にあわせてふるまうことは教会の品位をそこなう行為とみなされたのだ。

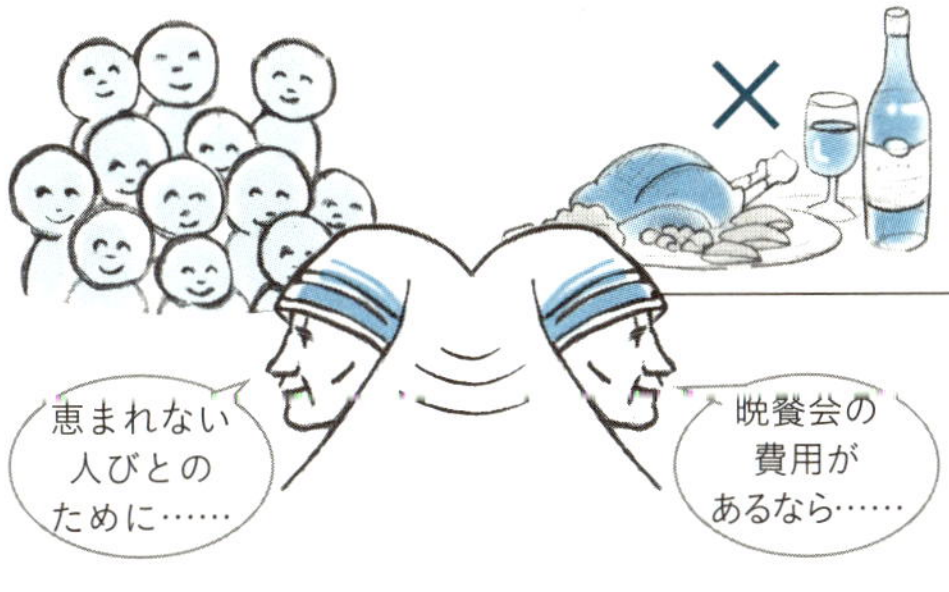
恵まれない
人びとの
ために……
晩餐会の
費用が
あるなら……

マザー・テレサはノーベル平和賞を受賞した際、晩餐会を辞退し、その式典の費用をカルカッタの貧しい人の救済に当てるよう要望したことでも知られている。

黄金律による自己犠牲

「ひとにしてもらいたいと思うことは何でも、あなたがたもひとにしなさい」というのは、新約聖書に明記されているキリスト教の根本原則であり、生涯を他者に捧げたことは、聖書に忠実な修道女としては当然のことであった。むしろ自己犠牲こそ、彼女にとって教義の忠実な実践だった。

ボランティア活動の呼びかけに

誰かのための行動が大切なんです

なぜひとを殺してはいけないの？

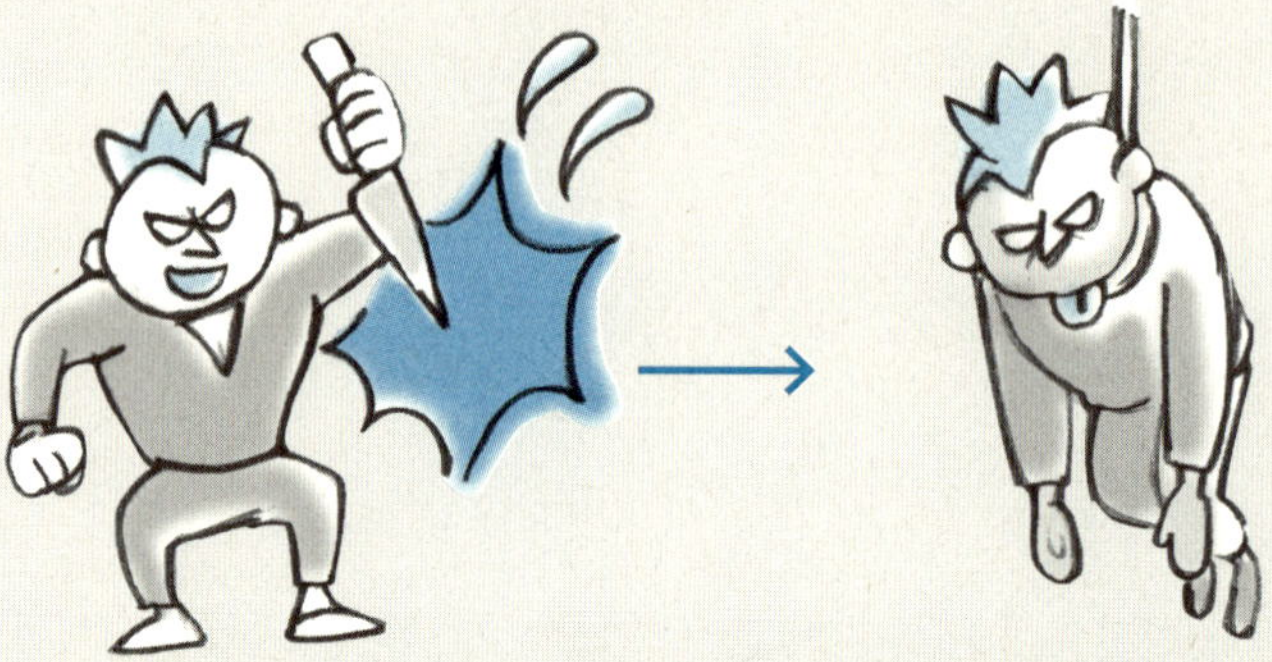

殺人犯の男に死刑の判決が下されたけど、ひとを殺したからといって、その犯人を殺してもいいの？

小学生が素朴な疑問を大人にぶつけるテレビ番組がありました。その疑問の一つが「なぜひとを殺してはいけないの？」というもの。画面には、うまく答えられずおろおろする大人たちが映しだされていました。

もちろん法律には殺人罪が規定されていて、ひとを殺すことは禁じられています。法を破って誰かを殺せば罰せられます。しかし、なぜひとを殺したら罰せられるのか、その明確な理由は法律に書かれていないのです。

また日本やアメリカでは、死刑制度も法律に定められている合法的な罰則です。それはつまり、正義の一環として国家がひとを積極的に殺しているということです。

「殺す」という行為が正当化されうる場合があるとするなら、世のなかには殺されるに値する人間がいるのでしょうか。そうなると、人間はみな本来平等ではないのかという疑問がわいてきます。人間が人間たちのあいだに線引きする行為に問題はないのでしょうか。こうして、一つの問いはここでもつぎつぎに新たな問いを誘発します。

カントの「殺人」

自分も殺されてしまうから

イマヌエル・カント（1724〜1804）
プロイセンの哲学者。79頁参照。

評価基準は、みんなが同じことをしたらどうなるか

カントは、何をする場合でも、一番大事なのは、みんなもそうするのが望ましいと思えるルールに従って行動することだと考えた。「普遍化できるかどうか」が行動を評価する基準なのだ。

たとえば「嘘をつく」という行為はどう評価されるか。これを普遍化すると、誰もが嘘をつくという結果に行きつく。そうなれば、私たちは誰の言葉も信用できなくなり、結果として約束や信頼というものがすべて不可能になる。

みんなが殺しはじめたら、自分も殺される

「ひとを殺す」という行為はどうだろうか。もし私が誰かを殺したなら、やがてその矛先が自分にまわってくることは当然予想される。そう考えると、この行為が容認できるものでないことは一目瞭然だろう。

殺人事件の陪審員になったら

自分の身にも降りかかるものとして考えよう

サンデルの「殺人」

多くのひとを救えれば少数の死はやむをえないの？

マイケル・サンデル（1953〜）
アメリカの哲学者。81頁参照。

1人が死ねば5人が助かる？

サンデルによる有名な功利主義的思考実験を紹介しよう。

猛スピードで暴走する無人電車の路線上に作業員5名がおり、分岐線では1名の作業員が働いている。あなたが分岐器を操作する立場にいたら、どちらを救うことを選ぶだろうか？

功利主義は「最大多数の最大幸福」の実現をめざす思想だ。当然、答えは1名を犠牲にすべしということになる。罪のない誰かを殺しても、そのほうがより道徳的だと考えるのだ。

アメリカのトルーマン大統領は日本への原爆投下についてアメリカ人を救うためにはしかたないと考えていた。

多くのひとを救うためには、少数の犠牲はしかたない

功利主義の発想に立つなら、「ひとを殺してはいけない」という命題も、状況次第で揺らぐことになる。多くの人間を救うためには少数の犠牲もやむなしというわけだ。アメリカはこの論理で、無辜《むこ》の民を大量に殺害した日本への原爆投下や東京大空襲をも正当化している。

大量破壊兵器の是非を問われたら

多くを救うための犠牲をどう捉えるかを考えて

フーコーの「殺人」

権力から見れば、ひとを支配もしくは守るための手段になりうる

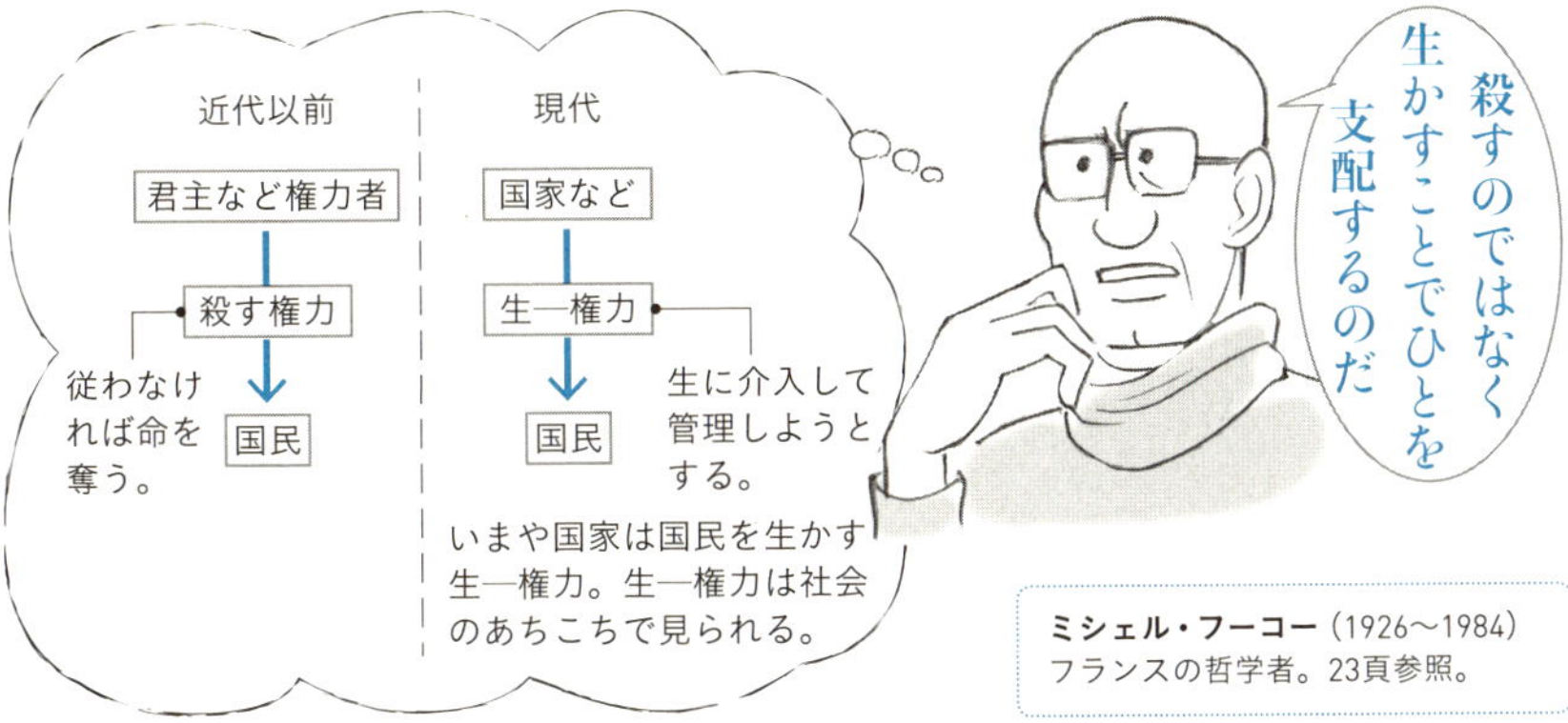

ミシェル・フーコー（1926〜1984）
フランスの哲学者。23頁参照。

殺すのではなく、生かすことがトレンド

「権力」とは、「おのれの周囲に何かを強制できる権利をもつ」ことと定義される。君主の横暴により虐《しいた》げられた弱者の命が奪われるというシーンがイメージされるだろう。

だがフーコーによれば、それは近代以前の姿。現代の権力は殺す権力ではなく「生—権力」に変貌している。

税金を払う国民が一定数以上いないことには、国家の運営は成立しない。だから国家は、国民から一方的に搾取するのではなく、適度に生かしておくのだ。もっともヒトラーのように、自国の繁栄を守り、自国民を幸福にするために、他民族を殺すことを厭わない生—権力も存在する。

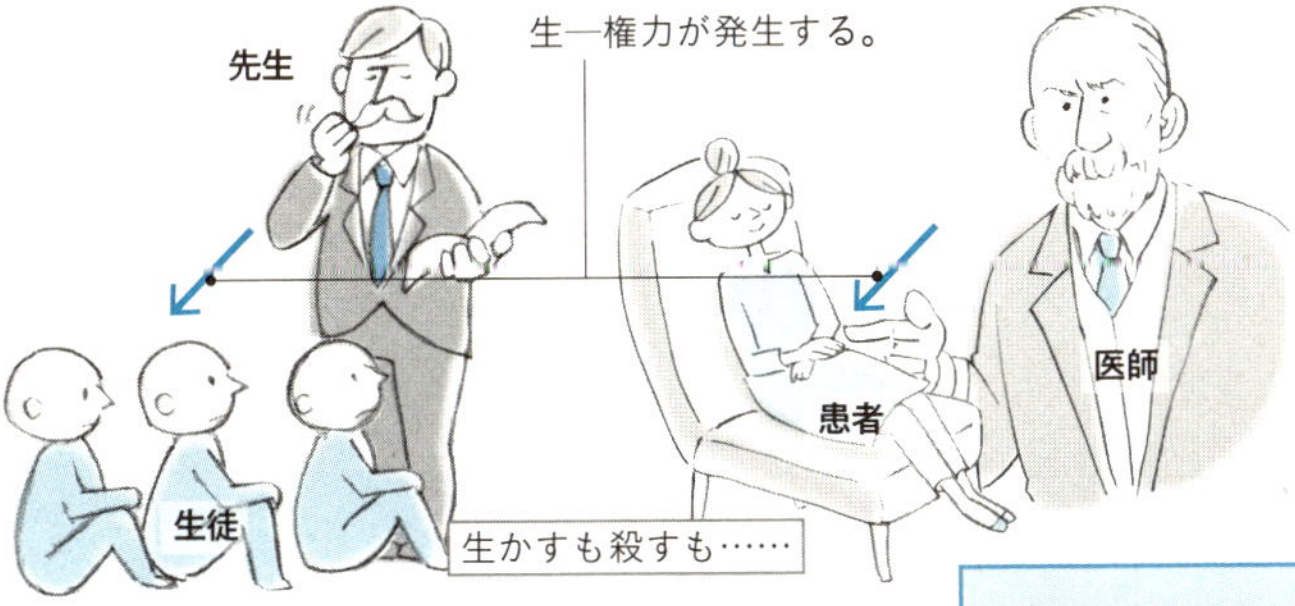

序列のある場所には生—権力がある

生—権力は国家権力ばかりではない。学校や病院、職場や家庭など、序列が生じる場所には必ず生—権力が発生する。個人だけでなく社会的な制度そのもののなかに生—権力が発生することもある。

ひとの上に立つなら

その立場には権力が発生していることに注意して

正義を考える

「戦争」って何？

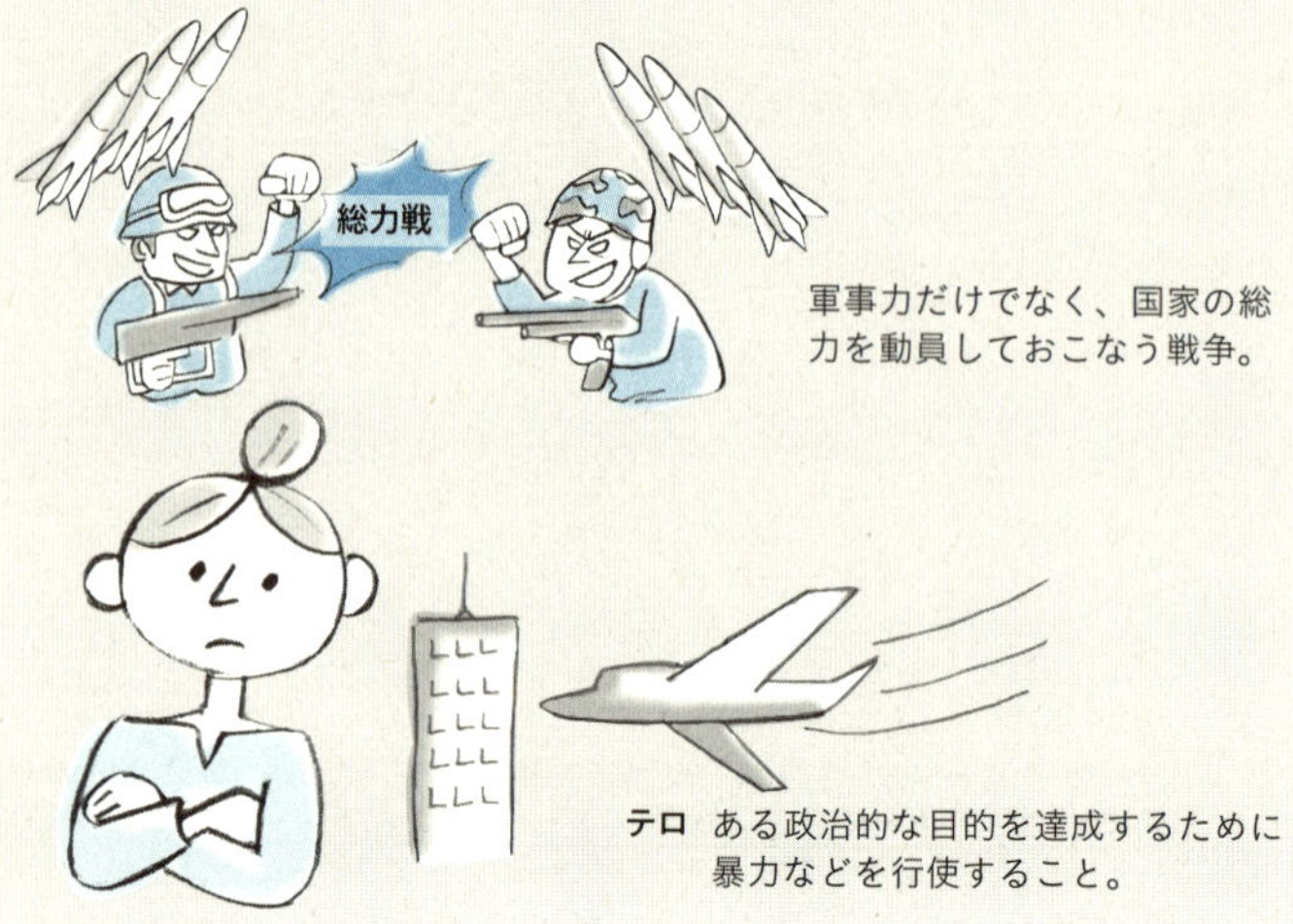
総力戦
軍事力だけでなく、国家の総力を動員しておこなう戦争。
テロ　ある政治的な目的を達成するために暴力などを行使すること。

「正しい戦争」なんてあるのか？　そもそも戦争は悪じゃないの？

戦争の対義語は平和ということになっています。20世紀は二度にわたって世界大戦を経験しました。19世紀までの局所的な地域に限定された戦争から、全面戦争・総力戦に移行したのです。いまでは騎士道にのっとった「正しい戦争」という概念は消え、すべての戦争は悪で、平和が善であるという認識が一般化しつつあります。

21世紀になり、世界各地で局所的な軍事衝突が頻発しています。その意味で21世紀は、テロの時代と言われます。全世界的なグローバリズムが進行する裏で、それに対抗するかのように、さまざまな地域で排外主義や民族運動が高まっています。とはいえ、そうした流れが世界全面戦争にいたらないのは、前世紀までの「正しい戦争」の認識が復活したということでしょうか。

日本は、敗戦以降70年以上もの平和を享受しています。しかし、これにしてもいつ破られるかわかりません。

そもそも、戦争が悪で平和が善という認識は本当に正しいのでしょうか。

カントの「戦争」

折りあうことができるはず

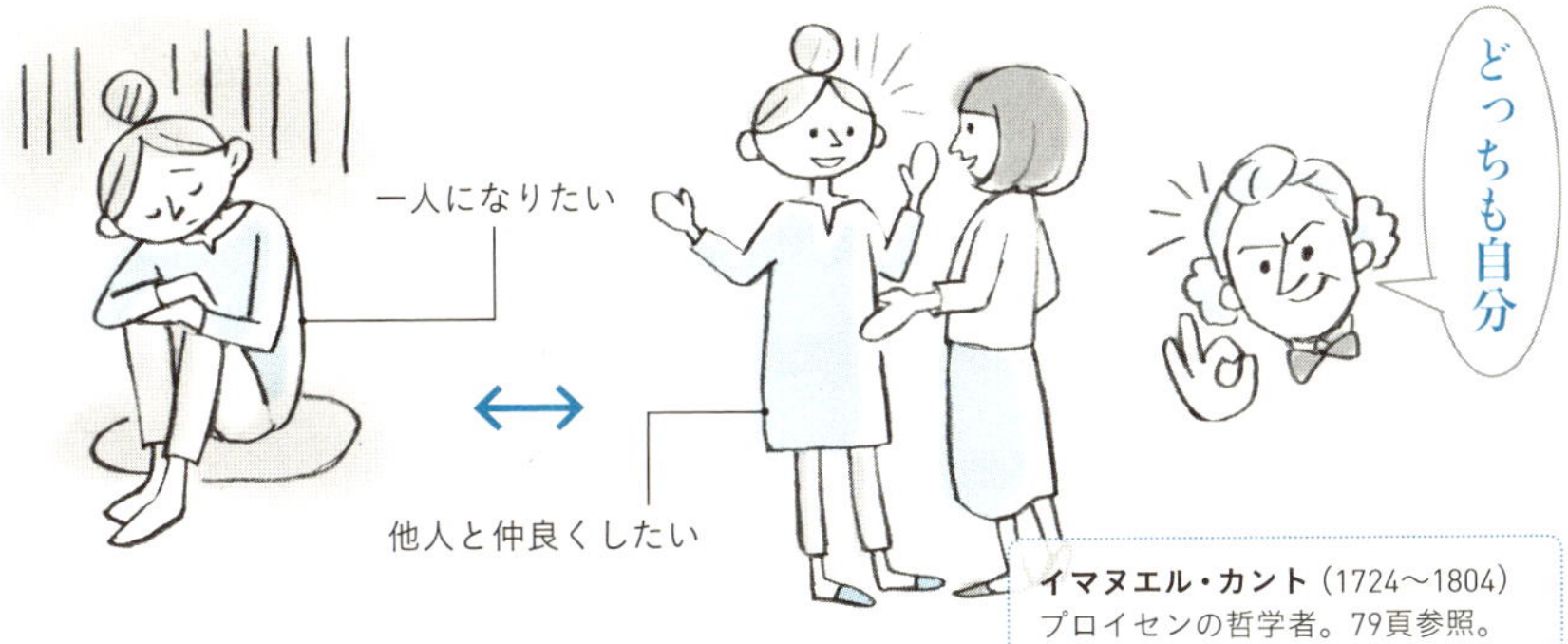

イマヌエル・カント（1724〜1804）
プロイセンの哲学者。79頁参照。

人間の「非社交的社交性」

カントは、人間のことを「非社交的社交性」を有する存在だと説いた（非社交的社交性の原則）。私たちのなかには、他者と交わりたい気持ちがあるのと同じくらい、誰からも離れていたい気持ちもある。さらに、他者と仲良くなりたいのと同時に優位に立ちたいという相反する衝動もそなわっているという。

戦争は根絶できない、折りあうことが大切

この非社交的社交性の原則は個人ばかりでなく、国家にも当てはまるとカントは考えた。どの国も他国と仲良くなりたいと思いつつも、それ以上に優位に立ちたい。また、自国の平和を守るためという口実で戦争がおこなわれることもままある。

つまり、この原則を根絶することはできない。だが、個人と同様におたがいの非社交的社交性を尊重しあい、折りあいながら共存しあうことは可能なはずだし、実現されねばならないとカントは考えた。そのためにカントが構想したのが現在の国連の原型だ。

国どうしのいざこざに

非社交的社交性（かかわりたくない）を発揮してもよいのでは

クラウゼヴィッツの「戦争」

政治の一手段である

カール・フォン・クラウゼヴィッツ（1780〜1831）
ナポレオン戦争にプロイセン軍の将校として参加した軍人。死後の1832年に発表された『戦争論』は理論書として高く評価されている。

戦争の哲学

クラウゼヴィッツの『戦争論』は、「戦争とは他の手段をもってする政治の継続である」という有名な一文からもわかるように、戦争を政治の一手段として位置づけた著作として評価の高いものだ。

国民国家が成立し、総力戦としての戦争が現実になりつつあった19世紀前半に書かれた本書は、ありがちな戦術論のレベルを超えて、そもそも「戦争とは何か」という本質論から議論を組み立てられており、「戦争の哲学」ともいえる内容をそなえている。

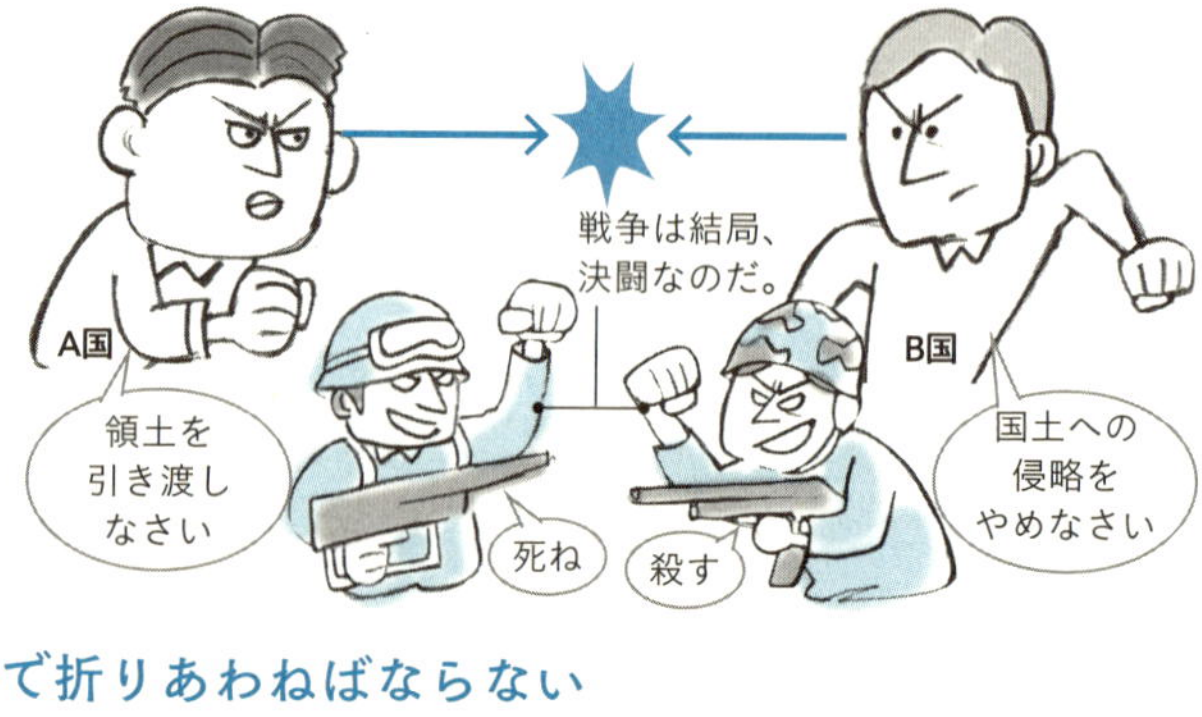

戦争はどこかで折りあわねばならない

『戦争論』によると、戦争とは煎じつめれば敵対する二者による決闘だ。決闘であるからには、当然その目的は相手の死、敵軍勢の殲滅でなければならない。しかし一方で戦争は政治の道具であり、政治的交渉は戦争のさなかでも継続されている。

いや、戦争行動自体が、政治的交渉を構成する一要素だ。最終的にはどこかで折りあうことを余儀なくされる行動なのだ。

けんかをしている2人に

戦争と同じでどこかで折りあわないといけないよ

カール・シュミットの「戦争」

敵に対抗するために必要

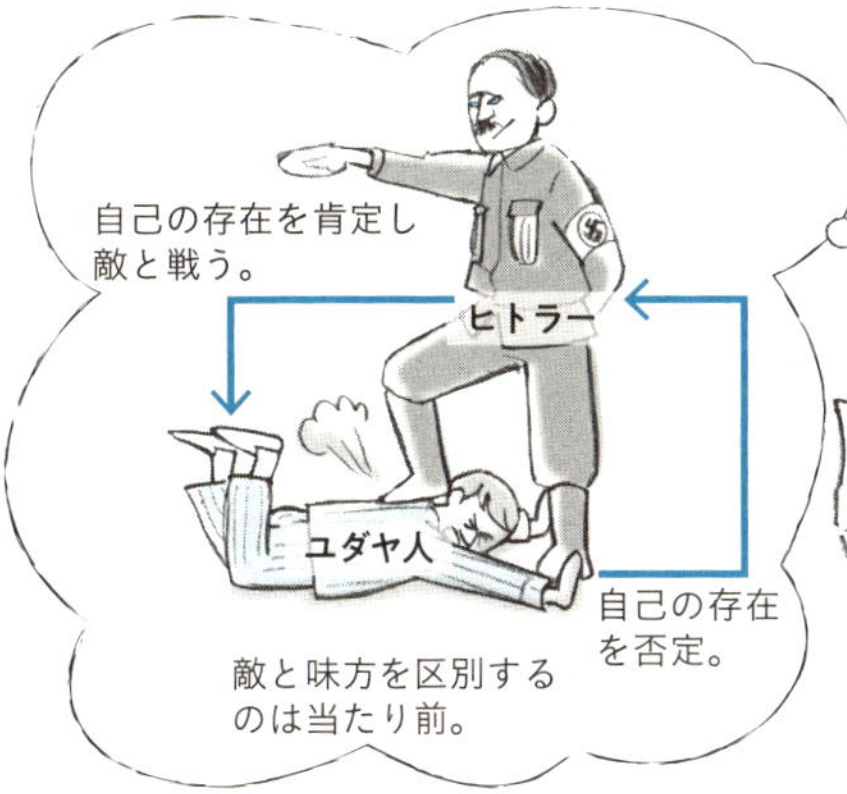

カール・シュミット（1888～1985）
ドイツの政治学者。1933年からナチスの思想的主柱となる。『パルチザンの理論』ではスペイン内戦を評価した。ユダヤ人学者を称賛したことが原因で1936年に失脚。

敵に対して戦争は必要な行為

カール・シュミットの業績の1つに、戦争の本質を政治と関連づけたクラウゼヴィッツの洞察を、さらに展開させたことがある。

シュミットは1932年に発表した『政治的なものの概念』のなかで、政治の本質を「敵—友理論」として描きだした。これは、つねに異質な他者の存在を敵、自己の存在を肯定してくれるものを友と考えることで、政治を概念規定する理論だ。

自己の存在を否定する敵に対抗するには、ときに戦争も必要になるという。

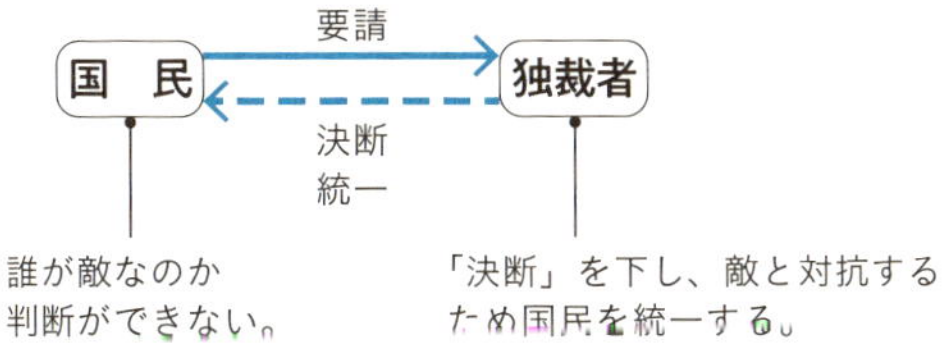

人間は根本において悪人

政治の本質は敵と味方の区別にあると規定するシュミットの理論の根底には、「人間は根本において悪だ」という前提があった。人間が悪である以上、自己を肯定してくれない、異質な他者は必ず存在する。

また同時にシュミットは、優柔不断な政治状況下にあっては「決断」を下す独裁者も要請されざるをえないと考えた。そのため彼の政治理論は、異質な他者としてユダヤ人を排除したナチスの思想的根拠ともされた。

決められない経営者に

ときには独裁者的なふるまいも必要なのでは

正義を考える

なぜ法律を守らなければならないの？

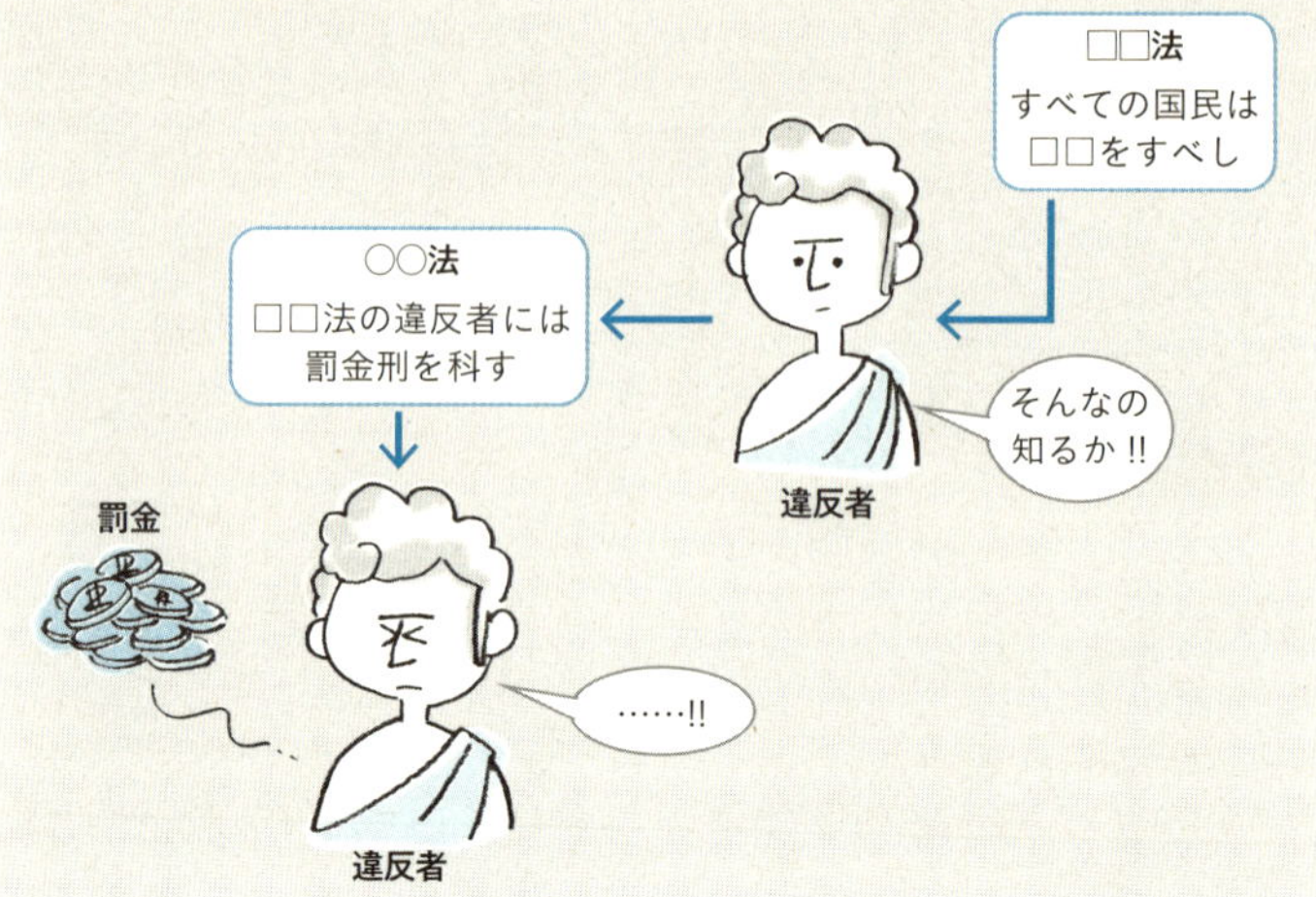

法は増え続ける、
それでも守らなければならない

私たちが集団で生きる存在である以上、秩序維持のルールは不可欠です。そんなものに縛られたくない、というひともおられるでしょうが、ルールを守らないひとを放置しておくと、いつしかルールそのものが無効化します。そうならないように、違反者を罰する新たなルールが制定されます。

こうしてルール＝法は、いまなお増え続けています。ですが、法律を守ることに疑問を抱くのがそもそもおかしいとも言えます。法とはとにかく守られるべきものなのです。なぜなら、法は万人に平等に適用されるのですから。平等である以上、悪法であっても公正であり、正義に適うもの（であるはず）なのです。

「なぜひとを殺してはいけないの？」の場合には、それをしてしまったら自分も同じ目にあいかねないからというわかりやすい根拠がありましたが、「なぜ法律を守らなければならないの？」に対しては、法とはそういうものだからとしか言えないところがあります。

プラトンの「法」

法によって徳が身につく

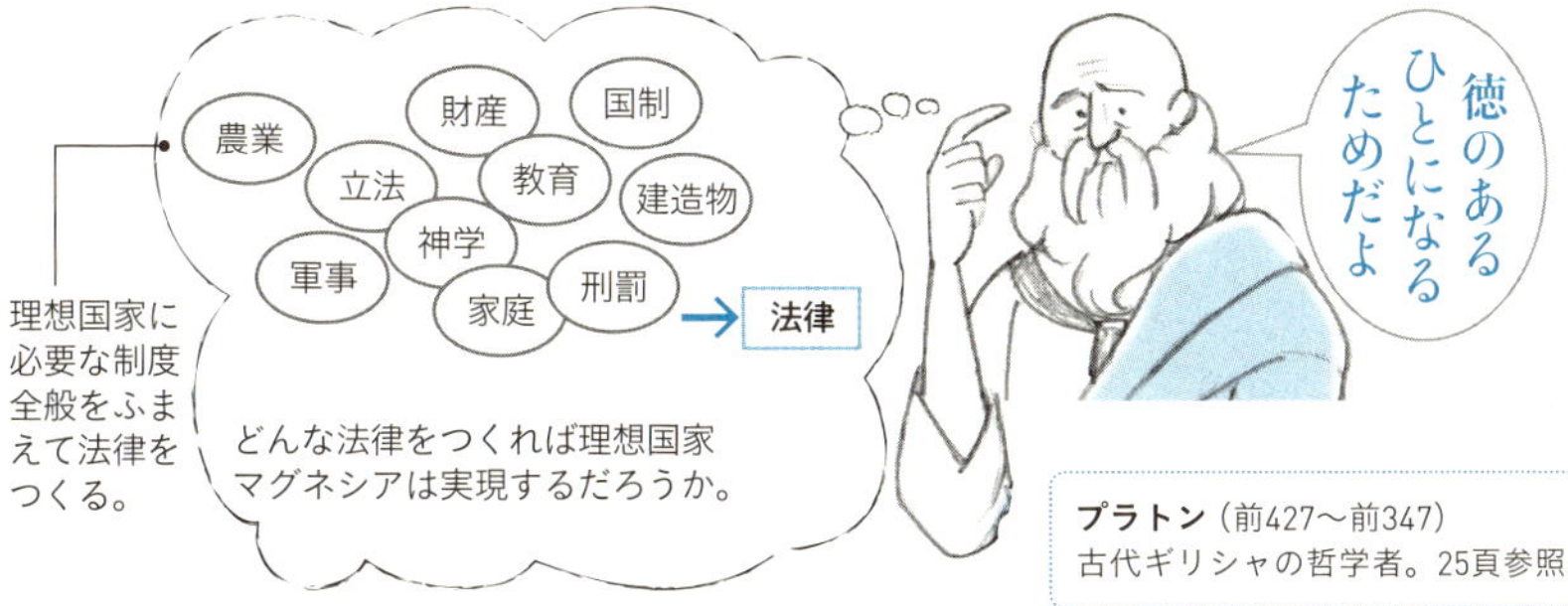

プラトン（前427〜前347）
古代ギリシャの哲学者。25頁参照。

プラトンの著書中、最長編の『法律』

プラトンが最晩年に書き綴《つづ》った『法律』は、彼の著作のなかで最長のヴォリュームを誇る。

クレタ島を舞台に、クノッソス市民とアテナイ人とスパルタ人の3人が語りあう。新しい植民都市（架空の理想国家マグネシア）をつくる計画があり、そのために必要な制度全般はどうあるべきかを一緒に考えようという設定の対話篇（※）だ。

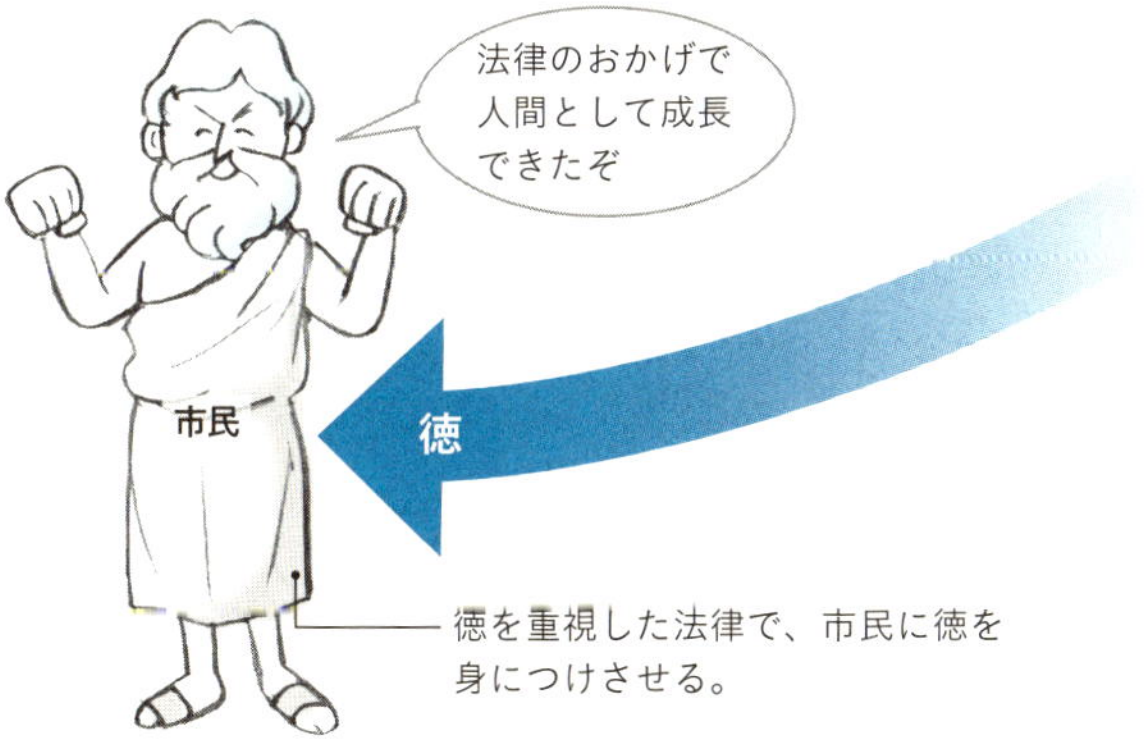

法律をつくるためには「徳」が必須

その法制度は、当時のギリシャの二大勢力であったスパルタとアテナイの現行法の最良の部分を抽出したものであった。特筆すべきは、立法に必要な根拠として「徳」が重視されている点だ。市民を善き者たらしめることが国家や政治の役割であり、そのために必要不可欠な支えが法律だと言うのだ。

しかし、法を守っている者が心から善き者だと言えるだろうか。

学校のルールを考える学生に

「善き者」が増えるルールをつくるべき

※：対話篇とは、対話形式を用いた哲学的著述。

ベンヤミンの「法」

権威を欠いている法を守るいわれはない

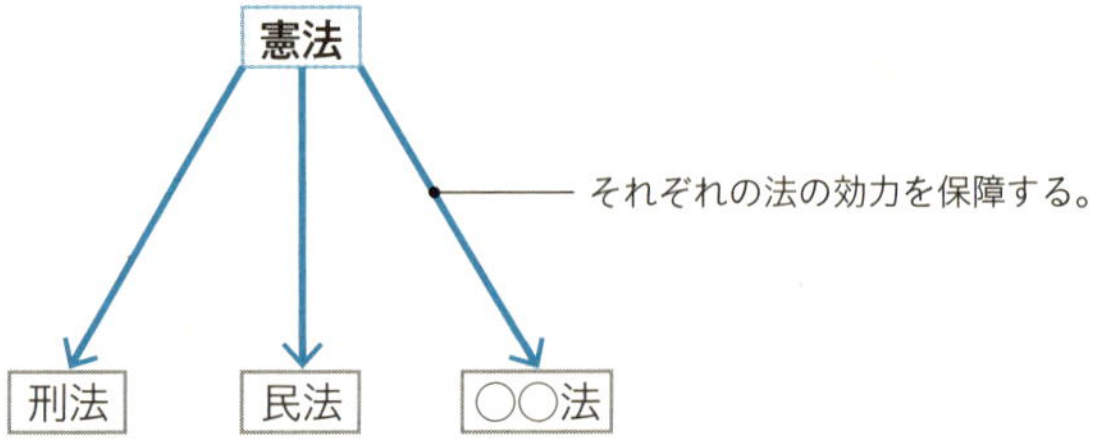

憲法と法の関係

たいていの国や社会、部族には掟《おきて》ないし法律がある。近代国家に関して言えば、その国の大枠を定めたものが憲法であり、これを踏まえて民法や刑法といった個別のジャンルの法が規定されている。そのため、個別レベルの法の効力を保障する要の役割を果たすのは憲法である。では、憲法の妥当性はそもそもどんな権威によって担保されているのだろうか。

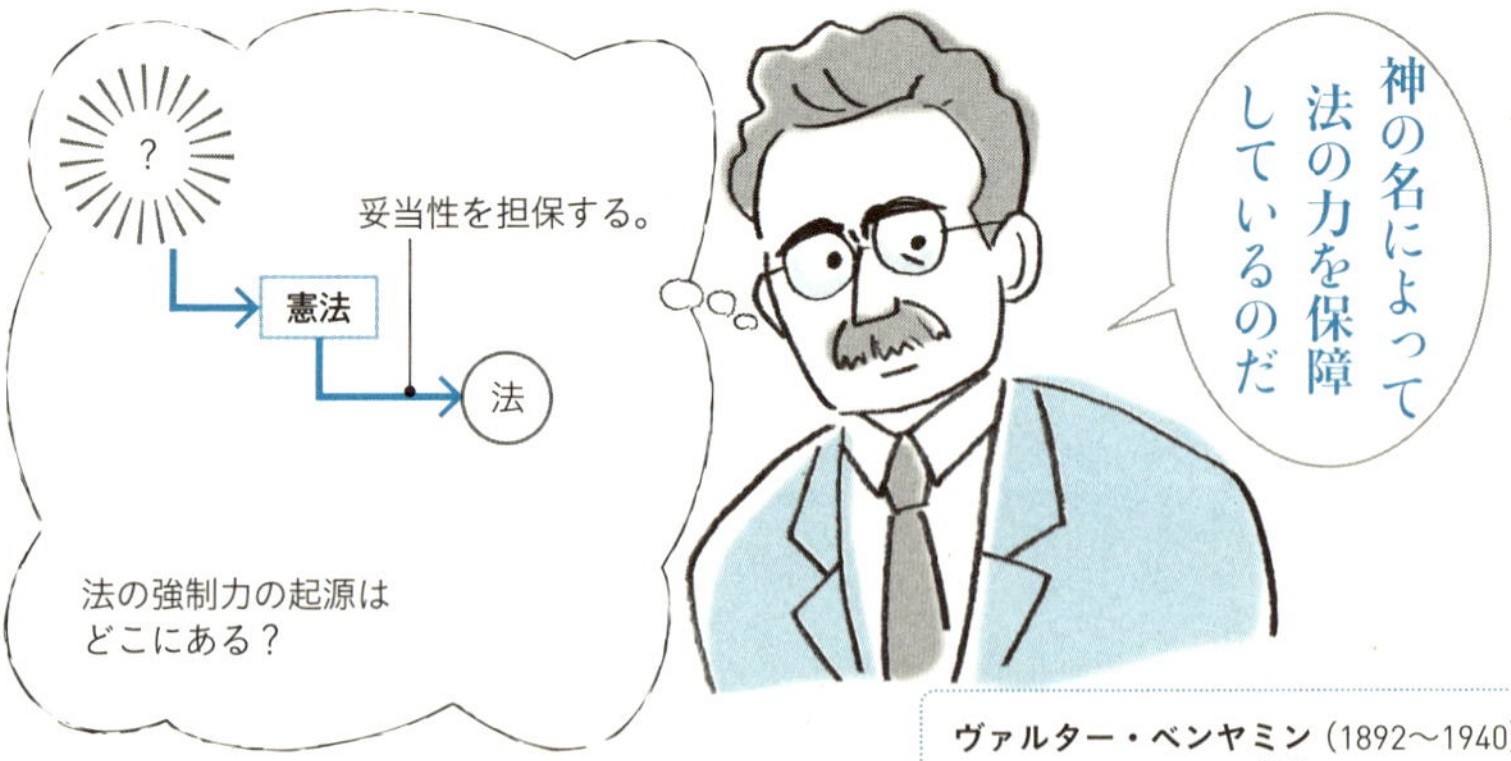

ヴァルター・ベンヤミン（1892〜1940）
フランクフルト学派（※1）を代表するドイツの哲学者。ユダヤ人のため、ナチス政権下でアメリカに亡命しようとしたが、果たせず自殺。『ドイツ悲劇の根源』『パサージュ論』など。

神話的暴力が法を可能にする

じつはそのような権威が不在であることを指摘したのが、ベンヤミンだ。法の強制力の起源を求めて遡ってゆくと、その行きつくさきにあるのは無根拠な措定《そてい》（※2）の意志だけではないか。いかなる法も遡れば決定的な権威を欠いているという事態を、ベンヤミンは「神話的暴力」と特徴づけた。

「神話的」というのは、とにかく昔からそうなっているというありかたの形容であり、「暴力」というのは何の根拠もないままに強制力を発揮している点をさしての表現だろう。

法律について議論になったら

元をたどればどんな法律も決定的な権威を欠く

※1：マルクス主義を研究するために設立された社会研究所をベースとして活躍した人びとの総称。
※2：「SはPである」といった命題のかたちで、事物の存在を端的に肯定したり、その内容を明晰に述べるはたらき。

デリダの「法」

法の根拠は確定しない

ジャック・デリダ（1930〜2004）
フランスの哲学者。エクリチュール（書かれたもの）の優位に着目し、脱構築（ディコンストラクション）(※3)、差延(※4)などのキーワードで知られるポスト構造主義の代表選手。

合衆国独立宣言

本来いかなる法も無根拠だというベンヤミンの指摘を、アメリカ合衆国独立宣言を用いて具体的に考察したのがフランスの哲学者デリダだ。国の根幹をなす憲法に相当するのが、アメリカでは合衆国独立宣言にあたる。これを起草したのは「建国の父」トーマス・ジェファーソンだが、本来彼は大陸会議(※5)の一員にすぎず、依頼された仕事としてこの任に当たった。

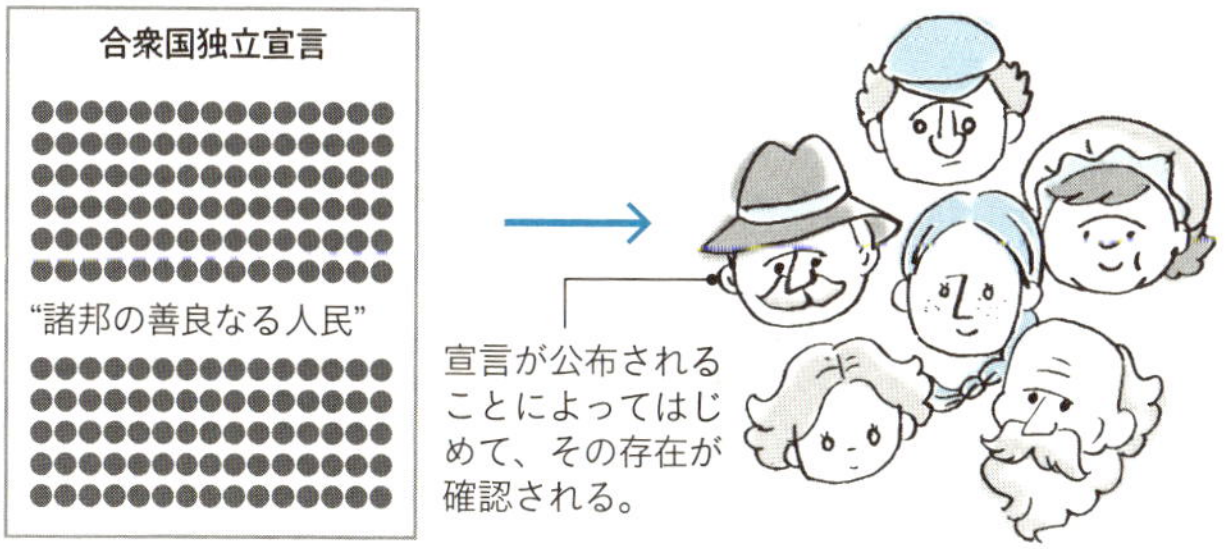

「諸邦の善良なる人民」って誰のこと？

この宣言には、「われわれはこれらの諸邦の善良なる人民の名において、公布し宣言する」と書かれているが、ここで名指しされている「諸邦の善良なる人民」にあたる存在は、実際にはこの宣言が公布されたあとでその存在が確定されるのであり、起草の段階では想定されているだけのものだ。

このようにその存在をさきどりすることによってしか、合衆国独立宣言の根拠は確定されえなかった。だから、この宣言が無効だという話ではない。法とはもともと根拠が確定しないものではないかとデリダは問題提起しているのだ。

法律の根拠についてもめたら

本来はあとづけであり根拠が確定しないもの

※3：伝統的な哲学に特徴的な文字と声、魂と肉体といった二項対立図式をテクストにそくして脱臼させようとする試み。
※4：差異を意味するフランス語に遅らせる、延期するという意味のフランス語を加味してつくられた造語。
※5：アメリカ合衆国を構成することになる13の州の代表によって構成された会議。

column

戦争と哲学

戦争から大きな影響を被った哲学者を採りあげましょう。リトアニア（のちフランスに帰化）のユダヤ系哲学者エマニュエル・ レヴィナス（1906～1995）です。若いころドイツに留学して現象学の創始者フッサール（18頁）のもとで学びますが、むしろそこで出会ったハイデガー（41頁）にいっそうの感銘を受けました。

第二次世界大戦がはじまるとフランス軍に参加しましたが、ドイツ軍の捕虜となります。収容所を生きのびて帰国してみると、故郷の親族同胞はみなユダヤ人狩りに遭《あ》い、ガス室送りになっていました。生き残りという負い目をどう背負うのか、空虚な心をどう埋めるのか。戦後のレヴィナスの思索はここからはじまりました。

彼の考案した概念に「イリヤ」があります。フランス語で「存在」を意味する慣用表現です。「存在」と聞くとハイデガーの著作『存在と時間』が思い起こされます。ドイツ語で「イリヤ」に相当する言いまわしは「エス・ギブト」で、直訳すると「それ（エス）が与える（ギブト）」という意味です。ドイツ語の「存在」には人間に与えられた居場所ないし恩恵といった意味あいが含まれているわけです。

ところが、レヴィナスの「イリヤ」にそんなポジティヴな要素はありません。いかなる空虚も残さずすべてを埋めつくしてゆく「存在」の息苦しさをレヴィナスは強調します。戦争で同胞がみな虐殺《ぎゃくさつ》されて空っぽになった彼の故郷（※）の空隙も、やがて「存在」が増殖してゆき、埋まってゆく。さらに時間が経過すると「存在」が大部分を占め、失われたものの回想すらできなくなってゆく。この否応なしの「イリヤ」の暴力にどう立ち向かってゆくのかが、戦後のレヴィナスの哲学的テーマとなりました。

ガレキの山と化した故郷カウナス。
レヴィナスは親族がガス室送りになったと知りがくぜんとする。

ときが経つと……

ビル街へと変貌をとげた故郷。
レヴィナス
「存在」が増殖し失われたものの回想もできなくなる。

※：レヴィナスの故郷カウナスはいまやリトアニア最大の都市。ユダヤ人脱出の拠点となったことでも知られる都市で、日本領事代理の杉原千畝はこの地で数千人ものユダヤ人に日本への渡航証明書を発給した

5章

社会と世界を考える

世界のありかたや人類の進歩、歴史の考察を通して、この世界の背景を考える。そこから、今後社会や世界とどのように向きあっていくべきかが見えてくるかもしれない。

「お金」って何？

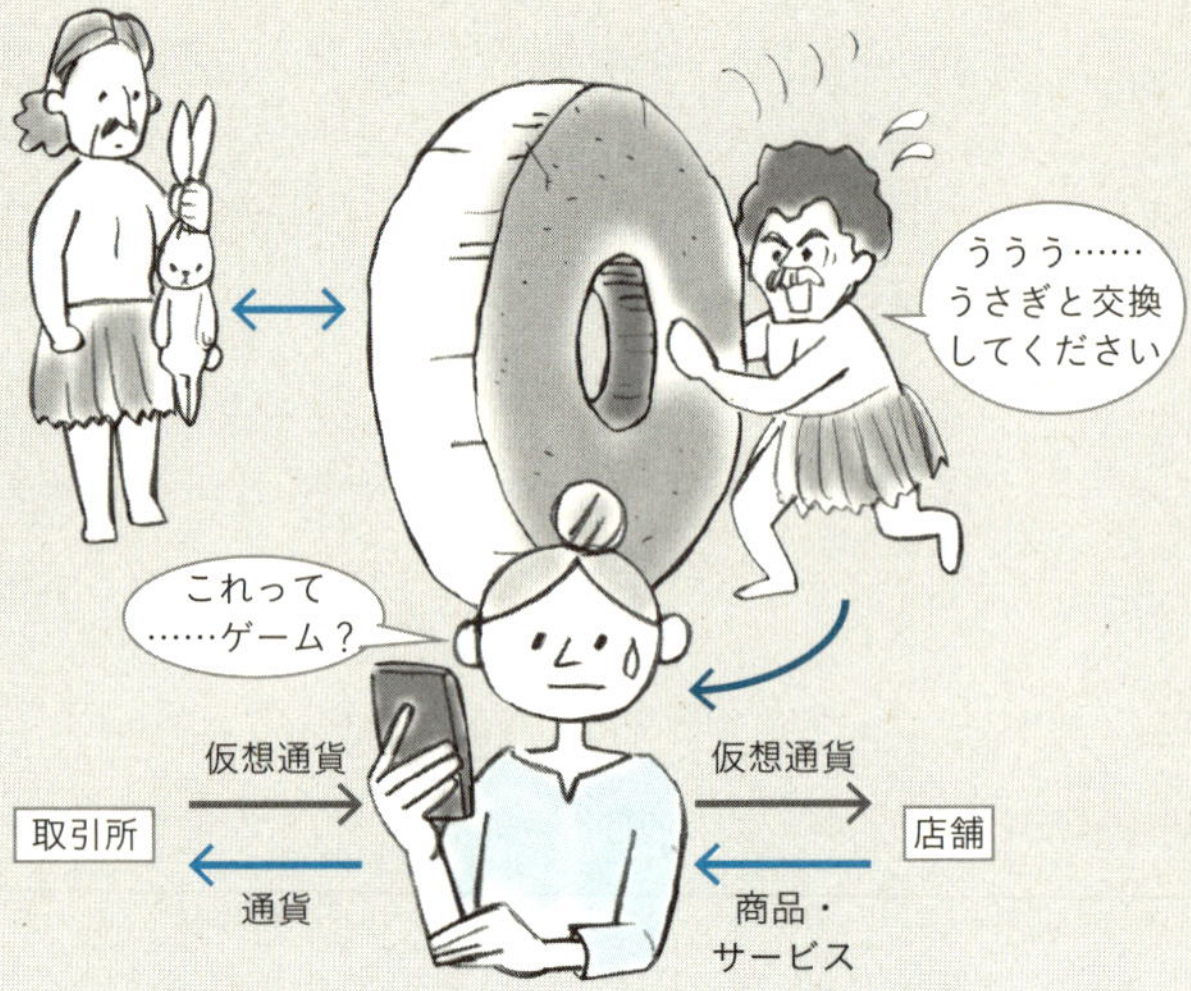

お金とはすべてを媒介するもの。それを記号化したものが仮想通貨。仮想通貨はネット上でやりとりされる数字のゲーム

私たちは資本主義経済の世界で生きています。この経済システムは、ものの生産・交換と流通・分配で成り立っています。そのなかで、すべてのいとなみを媒介する役割を果たすのがお金です。世界を見ると、教育や医療、公共サービスまでもが商品化されつつあり、お金で買えないものはないと思われるほどです。しかし、もともとお金とは媒介物であり、それ自体に価値はありません。

この媒介物としてのお金の概念を記号として徹底したのが、最近何かと話題になる仮想通貨です。ですが、仮想通貨には媒介物としての価値すらありません。つまり、媒介物としてのお金が移動することすらないままに、ネット上で数字のゲームが展開されているだけなのです。

先進国ではこのさき、現実の経済成長は望めません。基本的なインフラがすべて整った国で需要の急成長することがありえないのは、誰にでもわかる理屈です。よしあしは別にして、いわば一種の言語ゲームとしての仮想通貨が成立する素地がここにあります。

アダム・スミスの「お金」

物々交換では無理がある

アダム・スミス（1723～1790）
イギリスの経済学者。『国富論』は経済学書のさきがけとして高く評価されたが、ヒュームやモンテスキューなどの啓蒙思想の焼き直しという批判もある。

欲望を交換する媒介物

アダム・スミスは、産業革命が進展し資本主義が確立しつつあったころのイギリスでお金の存在意義を考察した。お金が存在しない社会では、物々交換が基本となる。しかし、たとえばパン屋が肉を欲しいと思ったその瞬間、ちょうど肉屋がパンを求めている（「欲望の二重の一致」）といった偶然はまず起こらない。そのときお金という媒介物があれば便利だ。両者は好きなときに自身の欲望を満たすことができるからだ。

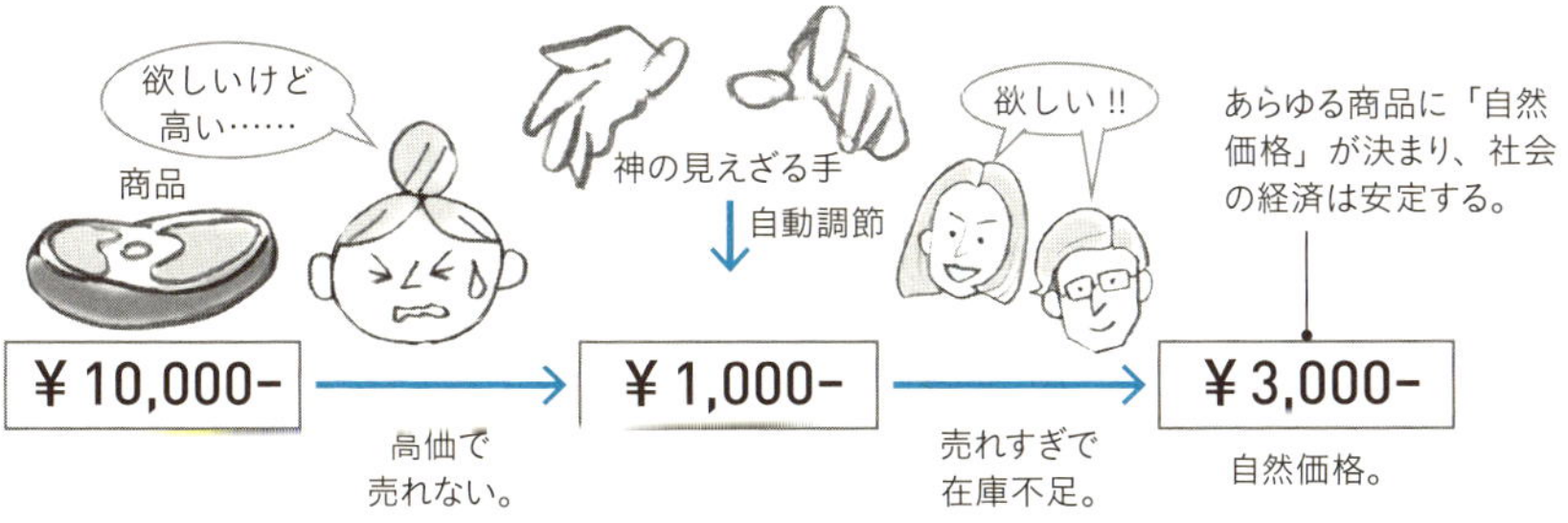

神の見えざる手

自分の欲望のタイミングがお金の存在で調整できるなら、バカ高い値の商品や質の悪いものは、「もう少し待とう」と判断できるので、結果的に誰も買わなくなり、自然と市場から淘汰《とうた》されてゆく。

その結果あらゆる商品に「自然価格」が決まるようになる。社会全体が望ましい安定した経済状態に達する機構を、スミスは「神の見えざる手」と呼んだ。

日用品を売り出したい友へ

自分で価格を決めてもよいが、最終的には市場が決める

マルクスの「お金」

お金は商品交換を媒介する

カール・マルクス（1818〜1883）
プロイセン出身の経済学者（1845年以降は無国籍者）。資本主義の発展と自壊により共産主義社会が到来すると予言した『資本論』とマルクス経済学は、20世紀の社会を揺り動かした。

貨幣は交換可能な特殊な商品

じつは、お金も商品の1つだ。ただ、商品世界におけるお金とは、動物世界のなかに、ライオンやトラといった現実の動物たちと並んで、「動物」なるものが闊歩《かっぽ》しているようなもの。お金は、何とでも交換可能な「一般的等《いっぱんてきとう》価《か》物《ぶつ》」と呼ばれる特殊な商品なのだ。

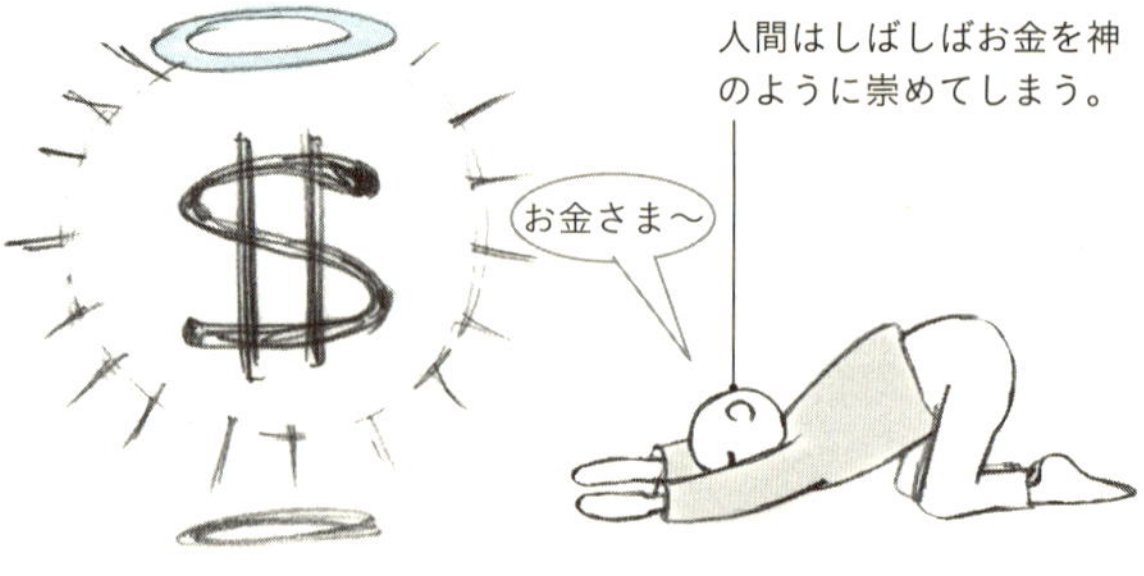

貨幣の物神化（フェティシズム）

ところが、私たちはしばしば、商品交換の媒体にすぎないお金自体に価値があるかのように錯覚してしまう。お金を貯めることだけに血道をあげるひとは少なくない。こういった貯蓄が自己目的化してしまう事態をマルクスは「物神化《ぶっしんか》」（フェティシズム）と呼んだ。そこでは、商品を購入するための媒体にすぎないお金を特別な価値をもっているもののように崇《あが》めるという本末転倒した事態が生じている。

貯金に熱中している娘へ

お金自体には価値がないことを忘れないで

ジンメルの「お金」

物質だけでなく対人的にも交換関係を取りもつ

持参金など、結婚もお金で結びつく。

他者と自分を媒介するもの、それがお金

ゲオルク・ジンメル（1858〜1918）
ドイツの社会学者。社会の根拠はひとの心にあるとし、ヘーゲル流の主知主義(※)に対抗する「生の哲学」を標榜、政治・経済・美学などの諸活動の相互作用を研究した。

お金は他者と自分の媒体

ジンメルは『貨幣の哲学』のなかで、お金が社会生活のなかで特別な役割を果たしていると考え、その機能をさまざまな面から分析した。売買といった物質的な関係においてばかりでなく、結婚や離婚といった対人的な関係までもが、お金を媒介として成り立っているのが、現代社会だ。

ひとはもうお金をお金として見られない。

生活における意味が重要

お金が物質として何を素材としており、どのような経済的機能を果たしているかということ以上に、貨幣が人間の生活においてどんな意味をもっているかが重要ではないかとジンメルは問題提起した。マルクスが物神化と呼んだ事態が、社会のずっと根深いところにまで浸透している点をジンメルは問題視したと言ってもよいだろう。

夫の薄給に悩む妻へ

生活のなかでお金が持つ意味を考えよう

※：一般的には、すべての存在は観念や真理といった知性的に把握されうる要素に還元可能だと考える思想の総称。

社会と世界を考える

どうしてこの世界はあるの？

広い宇宙のなかで……
言葉をもつ生物が生きているのは地球だけなの？

夜空を見上げると、無数の星が瞬いています。宇宙にはこんなに星があるのですから、どこかにこの地球と同じように、生きものが暮らしている星があってもよさそうですが、いまだにそうした話は聞きません。

ある計算によると、地球と同じ型の惑星が存在する確率は一千兆分の一です。それに対して、銀河に存在する星の数は約一千億個だそうです。すると、この地球の存在自体、そもそもとんでもない偶然の産物なのかもしれません。

ビッグバンからはじまったという宇宙の誕生、星の創成、生命の起源など、科学は驚くばかりの推測を示しています。

しかし、科学で語られる宇宙創造の壮大な歴史は、いまここに自分の存在する世界があるという実感とはすぐには結びつきません。おそらく私が死んだあとも世界は存続してゆくでしょうが、その世界はいまの私が実感しているリアルな世界とは無関係なものでしょう。

そもそも、この世界とは何であり、なぜ存在しているのでしょうか。

イエス・キリストの「世界」

神によって無から創造されたもの

世界は無から創造された

この世界のすべては「一《いつ》なる神」によって無から創造されたと説くのが一神教だ。一神教はユダヤ教、そこから枝分かれしたキリスト教、さらに派生したイスラム教に共通の思想だ。

それにしても、そもそもなぜ神は世界を創造したのか。全知全能の神に欠けているものなどありえない以上、神には世界を創造する必要も動機もない。にもかかわらず、神は私たちの住むこの世界を創造してくれた。それはなぜか？

イエス・キリスト（前4〜後30）
キリスト教の信仰の対象。57頁参照。

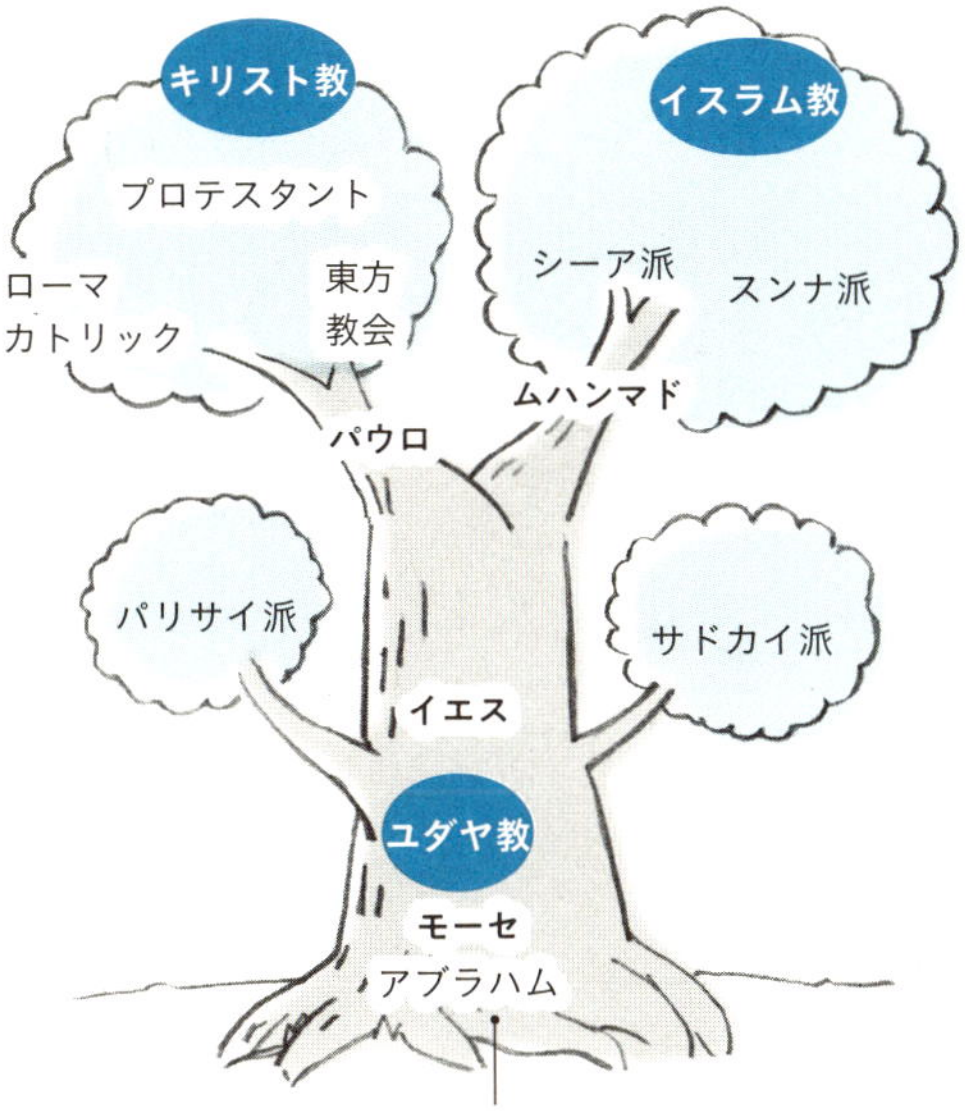
キリスト教
プロテスタント
ローマ
カトリック
東方
教会
イスラム教
シーア派
スンナ派
ムハンマド
パウロ
パリサイ派
サドカイ派
イエス
ユダヤ教
モーセ
アブラハム

唯一の神を崇拝する一神教の系統樹。これより早いもので、古代エジプトにも一神教が見られた。

1日目
昼と夜ができた
2日目
水圏と気圏の分離
3日目
陸地と植物ができた
4日目
太陽・月・星ができた
5日目
海と空の生物ができた
6日目
陸生生物と人間ができた
7日目
神が休んだ

神のアガペーによって生かされている

ユダヤ教では世界の創造を「神の退引」（ツィムツーム）と呼ぶ。つまり、神はみずから身を引いてスペースを空けることで、私たち被造物（30頁）の生きる余地を与えてくれた。なぜかといえば、愛ゆえにだ。神の人間に対するこの「無《む》償《しょう》の愛」が、イエス・キリストが実践した神学概念「アガペー」の原型となった。

世界とは何かと問われたら

「神の愛」でできているものと答えよう

ライプニッツの「世界」

神が選んだ最善の世界のはず

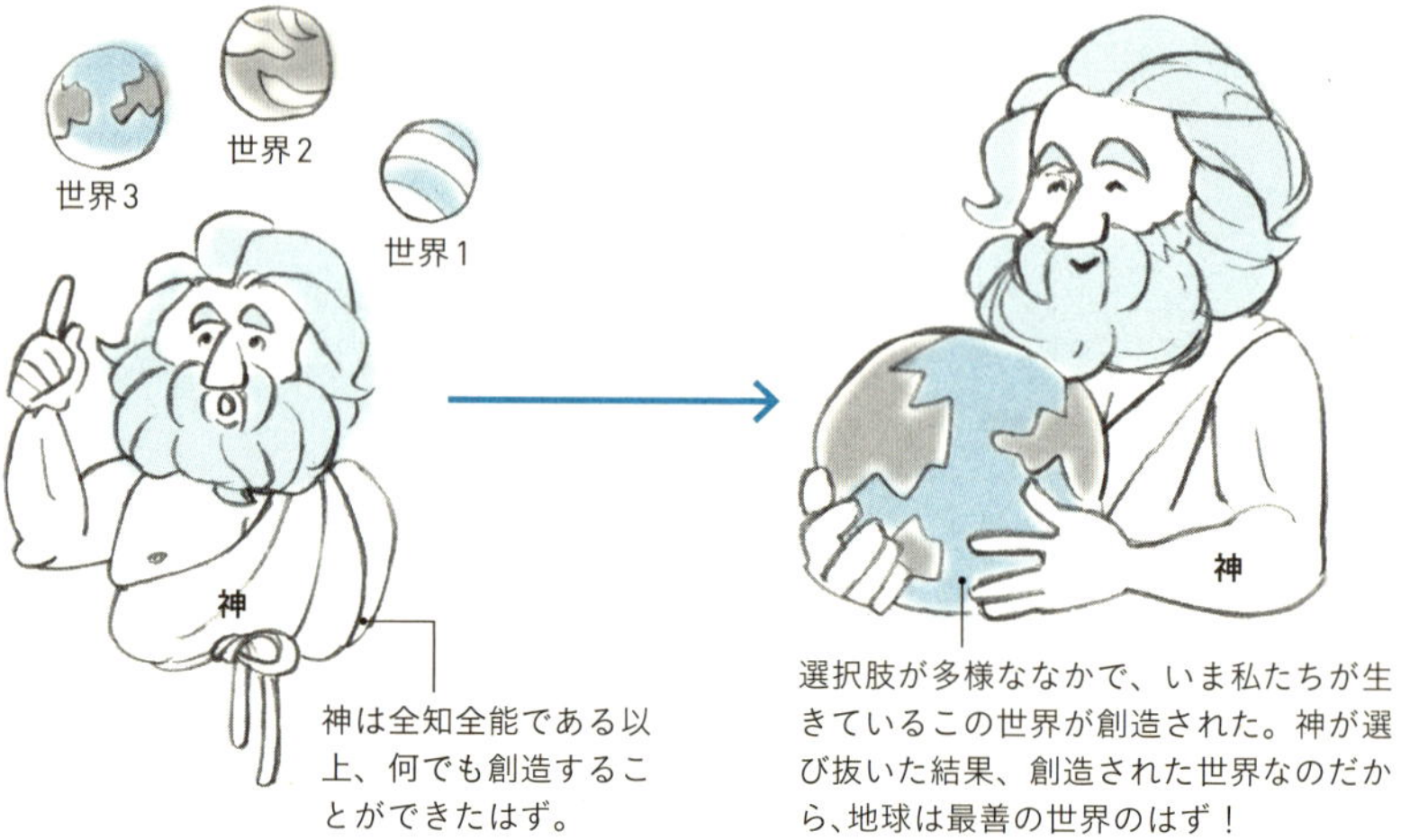

世界3
世界2
世界1
神
神は全知全能である以上、何でも創造することができたはず。
神
選択肢が多様ななかで、いま私たちが生きているこの世界が創造された。神が選び抜いた結果、創造された世界なのだから、地球は最善の世界のはず！

神が選んだ、最善の可能世界がこの地球

ライプニッツは事物の存在のしかたに、可能性（ありうるかもしれない）と現実性（現にある）と必然性（そうでしかありえない）という区別を設けた。

この区別を世界の存在に適用すると、他にも無数の世界がありえたはずだ。ところが実際にはこの世界は1つしかない。とすると、この世界こそが存在すべき唯一の世界なのではないか。ライプニッツは、この世界は「あまたありえた可能世界のなかでも、神が実現された最善のもの」だと主張した。

ゴットフリート・ヴィルヘルム・ライプニッツ（1646〜1716）
ドイツの哲学者、数学者。デカルトやスピノザとともに大陸合理主義の代表。主著は、『モナドロジー』『形而上学叙説』『人間知性新論』など。

この世界は、神の予定調和だ

不協和音としての人災天災

この主張に対しては、当時からさまざまな批判があった。代表的なのが、啓蒙思想家ヴォルテール（1694〜1778）による「リスボン大地震によせる詩」だ。偶然の自然災害で無辜《むこ》の人民が命を奪われることが神の望みだろうかというわけだ。

それに対して、ライプニッツは音楽の不協和音をもちだして、人間的な視点に立てば不幸と思われるできごとも、神の長期的な観点からすれば意味があるのだと論じた。

何かつらいことが起きたら

神が選び抜いた最善の世界だから必ず意味があるはず

ユクスキュルの「世界」

生物ごとに世界がある

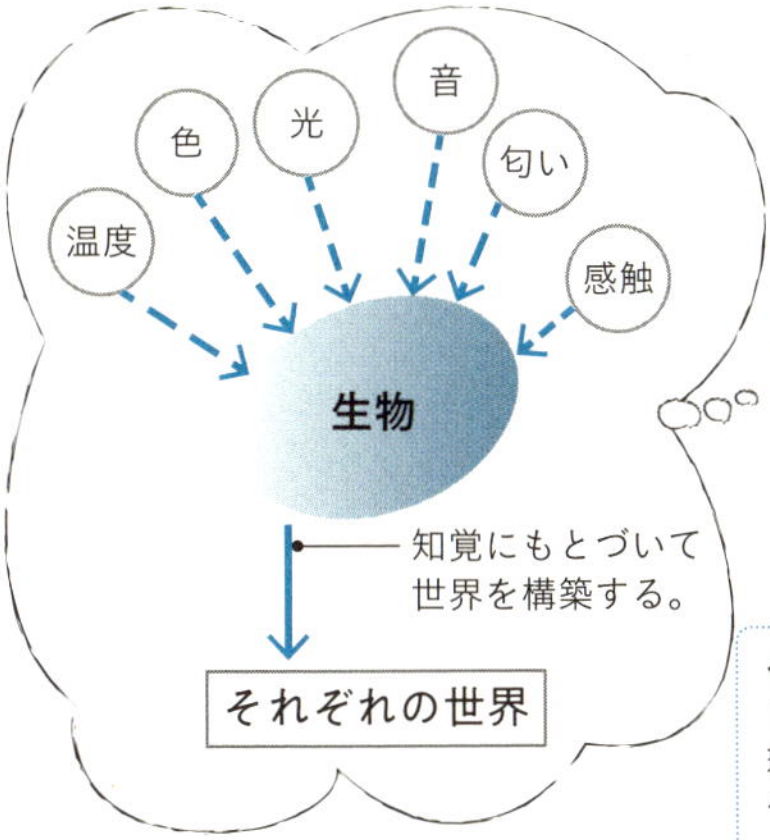

ヤーコプ・フォン・ユクスキュル（1864〜1944）
ドイツの生物学者。動物が知覚する世界がその動物の環境であるとする「環世界」説を提唱。カッシーラーやシェーラーなどの哲学者に高く評価された。

生物によって「世界」は異なる

ドイツの生物学者ユクスキュルは「環《かん》世《せ》界《かい》」という概念を提唱した。すべての生物はその種にそなわる感覚器官に応じた世界に住んでいる。その能力が異なれば、たがいに異なる環境を生きることになる。それぞれの生きものにその感覚器官に対応して開かれる世界が「環世界」だ。

犬の環世界はすべてがボンヤリ（視力は0.2〜0.3程度と言われる）。しかし、多彩な音と匂いに満ちあふれている。

犬の「環世界」とは？

たとえば、犬の嗅覚は人間をはるかに凌《りょう》駕《が》するし、聴覚についても犬は人間に聞こえない超音波をも聞き取る。その一方で、視覚的には人間ほどの色彩豊かな世界を見てはいないようだ。つまりユクスキュルによれば、犬の「環世界」は私たちのそれよりもずいぶん乏しい色彩とはるかに多彩な音と匂いに満ちあふれているわけだ。

動物嫌いのひとに

生きものの数だけ世界があることを忘れずに

人間は進歩しているの？

「冷たい社会」＝未開だが安定

「熱い社会」＝利便性は高いが不安定

レヴィ＝ストロースは、未開社会に比べ階級社会が進歩しているとは考えなかった

かつて文化人類学者レヴィ＝ストロース（※）が、「冷たい社会」と「熱い社会」という対比を提唱しました。「冷たい社会」とはいわゆる未開社会をさします。その特徴は、いくつかの点でごく昔の生活条件に近いままにとどまっていることです。「熱い社会」はおおよそ私たちの社会に該当します。その特徴は、つぎつぎと階級が分化し、休みなく新しい文化が生まれるところにあります。

これらは理念型であって、そのままの社会が現実にあるわけではありません。それ以上に、どちらが「進歩」しているかの優劣を示すものでもない点をレヴィ＝ストロースは強調します。とかく私たちは、進歩しているほうがえらいと思いがちです。しかし、未開社会には生活スタイルが安定しているという大きな利点があり、それに比べるならこの社会は絶えず変化を追い求めることで非常に不安定になっているとも言えます。

そもそも進歩とはなんでしょう？またそれは無条件によいことなのでしょうか。

※：クロード・レヴィ＝ストロース（1908〜2009）フランスの社会人類学者・民族学者。一般的な意味での構造主義の創始者と目される。

一神教の「進歩」

地上の人間は進歩しない

神
アダム
イヴ
神は楽園から地上世界へと人間を追放する。
知恵の実を食べた人間は堕落の一途をたどる。

人間ははじめから堕落している

『旧約聖書』によれば、天地創造のあと、神はアダムとイヴという人間の男女を創造し、彼らとエデンの園で暮らしはじめた。ところが人間は神との約束を破り、知恵の実を食べてしまった（原罪）。激怒した神は楽園から人間を追放する。こうして地上での人間の歴史がはじまる。それ以降も、人間たちは数が増えるにつれてますます堕落、退歩の一途をたどってゆくと聖書は教える。

地上世界はつらく、苦しいもの。

神は進化も創造した

人類がたどるこの過程の行きつくさきが「最後の審判」だ。そのとき歴史のすべてに終止符が打たれ、審判で救われた者のみが天国で暮らすことを許される。つまり、一神教（ユダヤ教、キリスト教、イスラム教）の世界に「進歩」は存在しない。あるいは私たちに「進化」と見えるものすべて神の想定内なのかもしれない。いずれにせよ天国に比べ、地上世界ははかなく脆《もろ》く、罪に満ちている。

現実がつらいと嘆く友人へ

神は進化も創造しています。あきらめないで

カントの「進歩」

啓蒙を通じて進歩できる

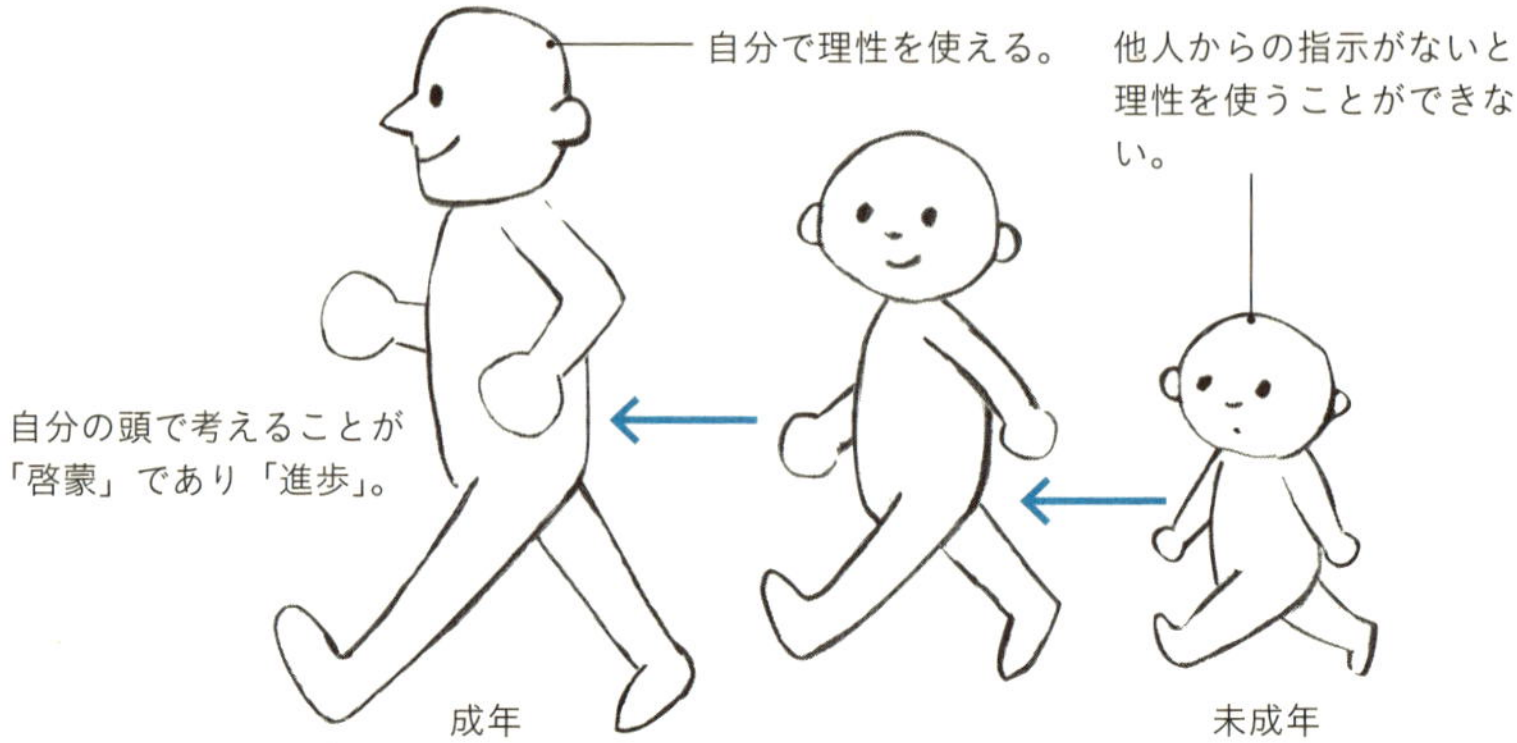

人間性の完成こそが進歩

前述のように、カントが生きた18世紀は「啓蒙の時代」と呼ばれる。科学を筆頭に学問が進歩し、生活は改善され、よりよい社会が実現されてゆきだす時代だ。その実現のためには迷信を鵜《う》のみにせず自分の頭で考える訓練が必要となる。その過程が啓蒙だとカントは主張した。啓蒙を通じて未成年の状態から脱却し、成年になることが「進歩」だ。

イマヌエル・カント（1724〜1804）
プロイセンの哲学者。79頁参照。

宗教からの脱却が進歩を生む

「啓蒙の時代」は同時に、それまでのキリスト教中心の価値観と決別してゆく時代でもあった。キリスト教の「退歩史観」に代わる、啓蒙による段階的な発展をもとにした、理想主義的な「進歩史観」の台頭だ。カントより少し後のヘーゲルは、この進歩史観にもとづく歴史を「人間が精神の自由を獲得する過程」と捉えた。

成長を感じられないという後輩へ

自分の頭で考える訓練をすることが大切

アドルノの「進歩」

進歩には限界がある、進歩が野蛮を生む

テオドール・アドルノ（1903〜1969）
ドイツの哲学者。マルクス主義とヘーゲルの弁証法とフロイトの精神分析の融合を試みたフランクフルト学派の一人。ホルクハイマーと共著の『啓蒙の弁証法』が有名。

進歩すると野蛮になる

ドイツのアドルノは、啓蒙が進み文明が進歩すればするほど、その果てに人類は野蛮へ立ちもどると主張した。彼の思想の背景には、第二次世界大戦におけるナチスによるユダヤ人虐殺への反省がある。

啓蒙が進むにつれ、理性もまた十分に発揮され、無限の進歩が可能になるはずなのに、じつはそうなっていないとアドルノは言う。啓蒙にもとづく理性の進歩には限界があるのだ。

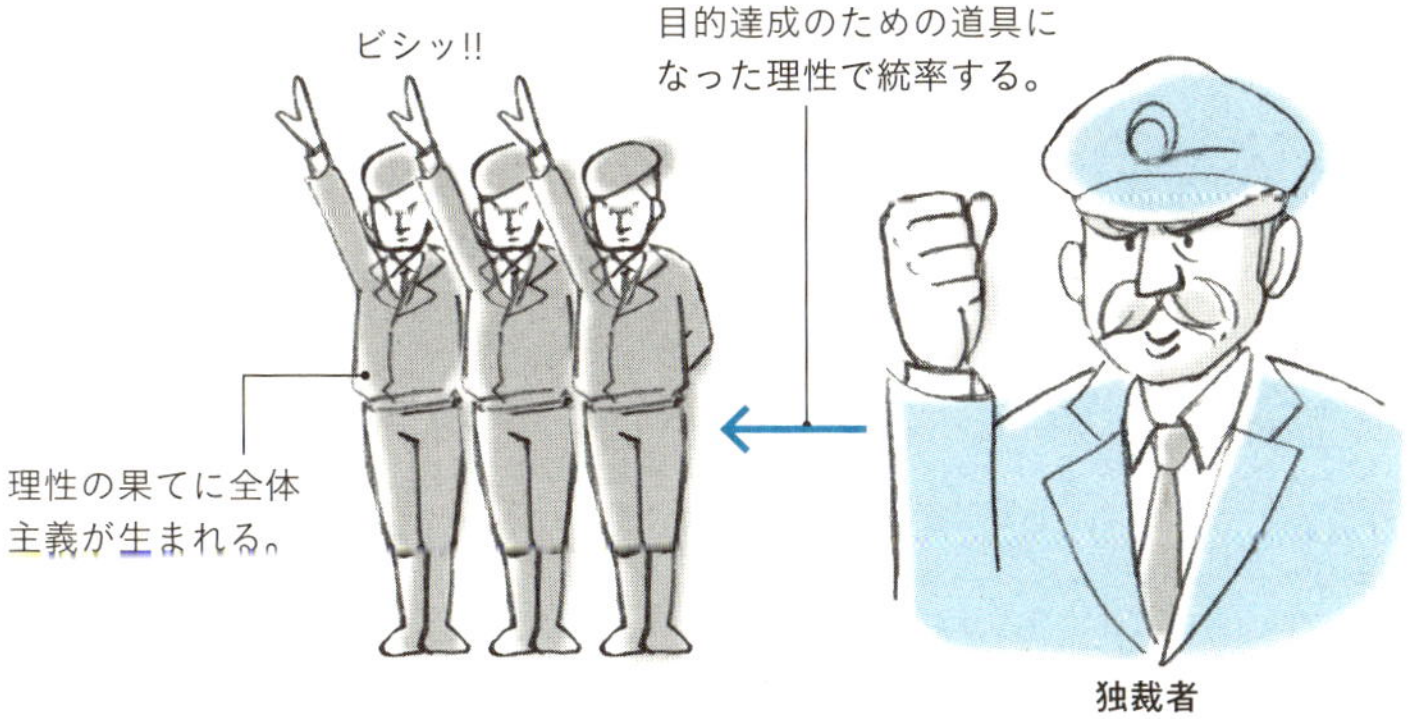

理性が全体主義を生みだす

アドルノによれば、理性は「外的自然（※1）」を征服したあと、今度は人間の「内的自然（※2）」の征服へと向かう。つまり、理性は人間による人間征服の道具となるのだ。そうなると、人間はモノと同レベルの管理と支配の対象に成り下がる。こうして理性の果てには、全面的な画一化、全体主義という暴力が生みだされることになるというのがアドルノの診断であった。

自分はすごいとうぬぼれる友人へ

無限の進歩はない。理性の使いかたに注意して

※1：外的自然とは、人間の外部に広がる環境としての世界のこと。
※2：内的自然とは、人間内部の本性という意味での自然のこと。

人類の歴史ってどういうもの？

70億人（21世紀）
20億人（20世紀）
10億人（19世紀）
3.5倍
2倍
このままじゃ人類に未来はないんじゃない？

人類の歴史を人口の推移で見ると、顕著な変化が生じるのは、18世紀の産業革命からです。19世紀初頭に10億人程度に達した世界の人口は、その後倍々ゲームで増えます。20世紀初頭に20億になり、20世紀終わりには60億、それから10年ちょっとで70億を突破しました。こうしてみると、とくにこの１００年における人口増加には目を瞠るものがあります。

このように、人類というただ一種の生きものが地球上にあふれ、環境破壊を押し進めています。そのスピードは地球の資源を枯渇させかねないほどで、１９７０年代後半に設立されたローマクラブは、人類の未来は21世紀までもたないという予測を打ち出して、話題となりました。

幸いにもこの予測は外れましたが、人類史が危機的状況に見舞われていることに変わりはありません。このように科学の予測する人類の歴史にはなかなか悲惨な未来が待ちうけていますが、そもそも歴史というものを哲学者はどう考えてきたのでしょうか。

ヘーゲルの「歴史」

自由の意識が発展する過程

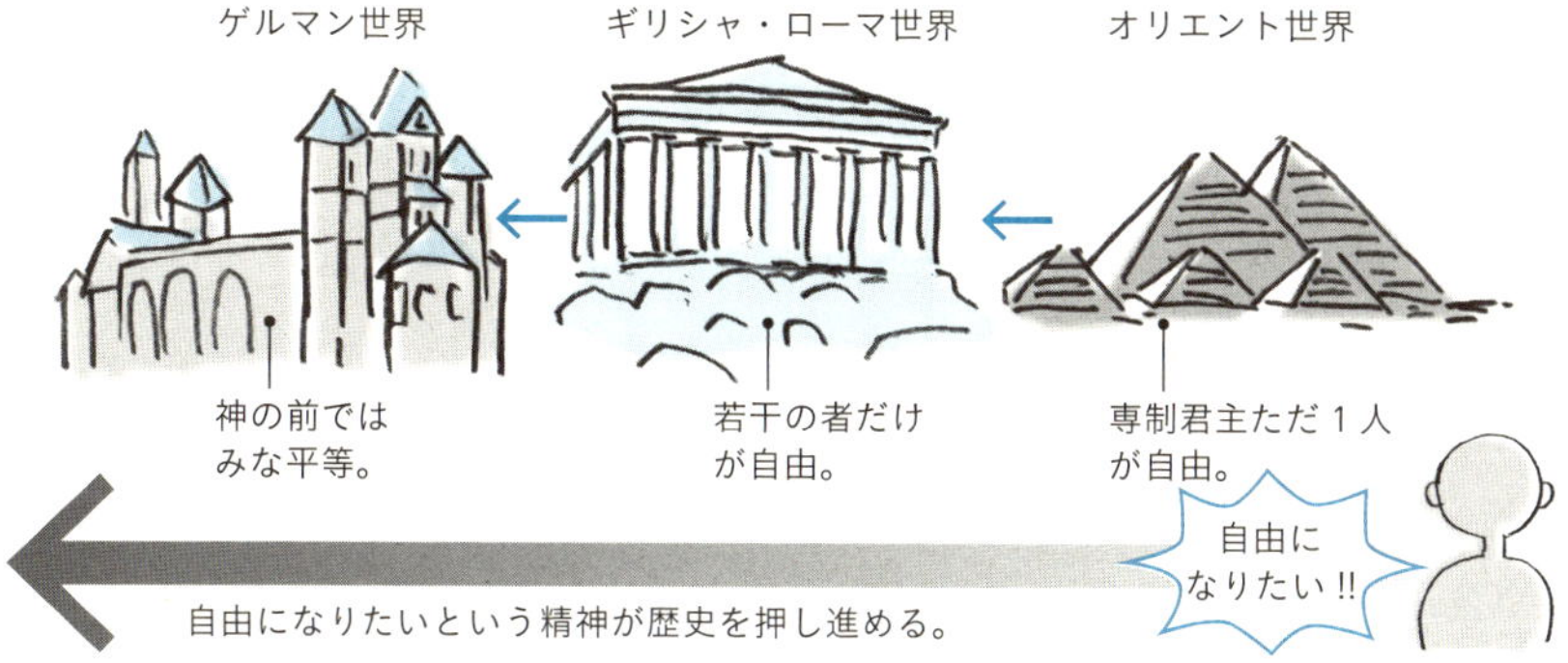

歴史は「自由の意識」の進歩だ

哲学において歴史を本格的な主題に上《のぼ》せたのは、プロイセンのヘーゲルであった。彼が世界史を考察するにあたって要《かなめ》にすえたのは、「自由の意識」の進歩だ。ヘーゲルの考えでは、自由とは、他者のもとにありながら自分自身のもとにあることを意味する。

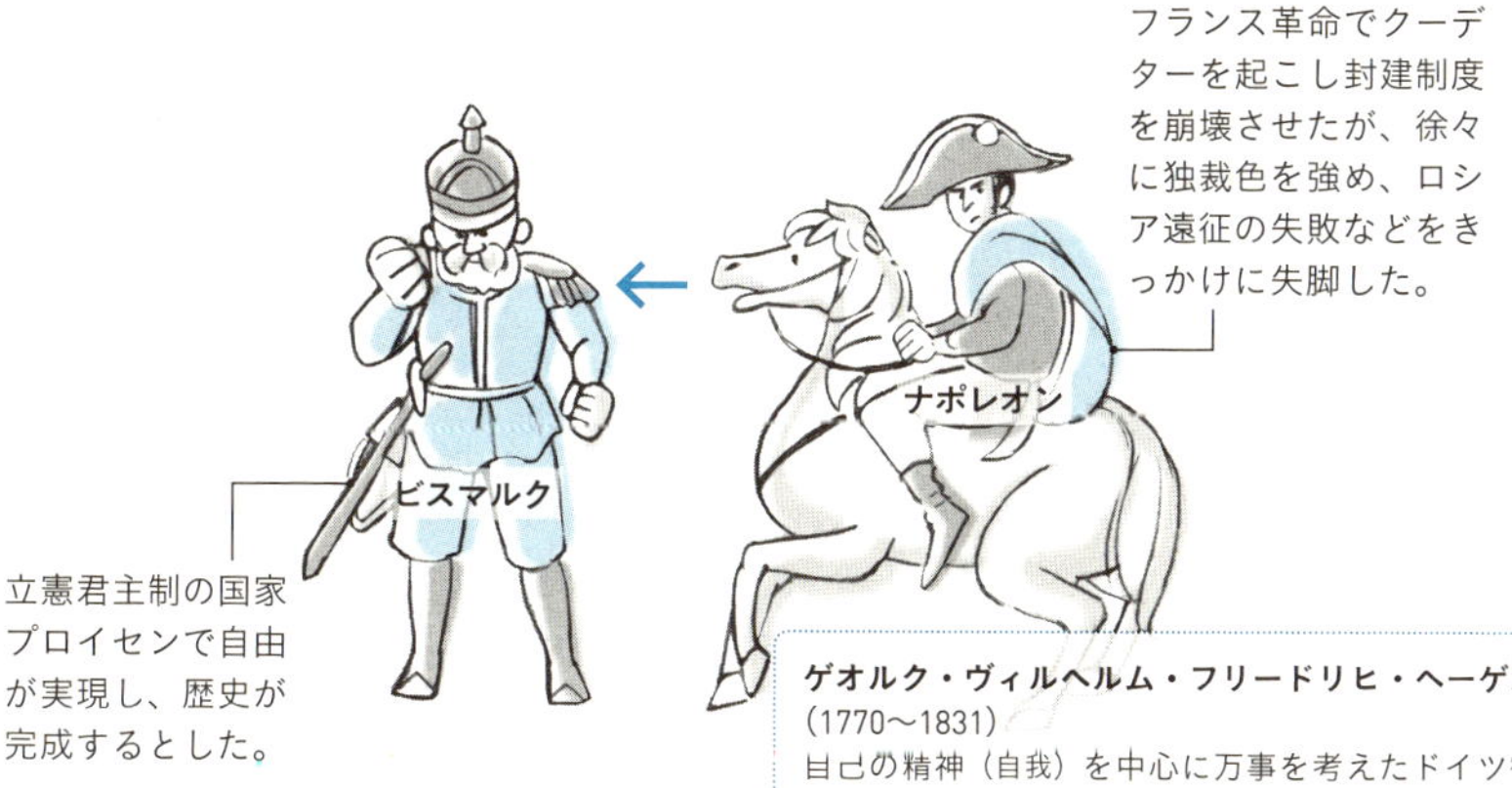

ゲオルク・ヴィルヘルム・フリードリヒ・ヘーゲル
（1770〜1831）
自己の精神（自我）を中心に万事を考えたドイツ観念論哲学の完成者。自我を国家や歴史へ拡張することを試み、マルクスに影響を与えた。

歴史とはプロイセンにおいて完成する？

「自由の意識」の実現はフランス革命から本格化したが、旧来のカトリック的価値観が残存していたために、全面的な実現にはいたらなかった。プロテスタント国家プロイセン（※）こそが、その成果を引きついで自由の意識の実現をもたらすはずだとヘーゲルは主張した。こうしたヘーゲルの歴史観には、西洋という枠組みに囚われているという決定的な限界がある。

歴史が嫌いな息子に

先人が自由を求めてきたという歴史観をもって学ぶと歴史は面白いよ

※：1701年に成立した王国。現在のドイツ北部からポーランド西部にあたる地域を領土とした。

マルクスの「歴史」

人類史を生産様式の変化から捉える

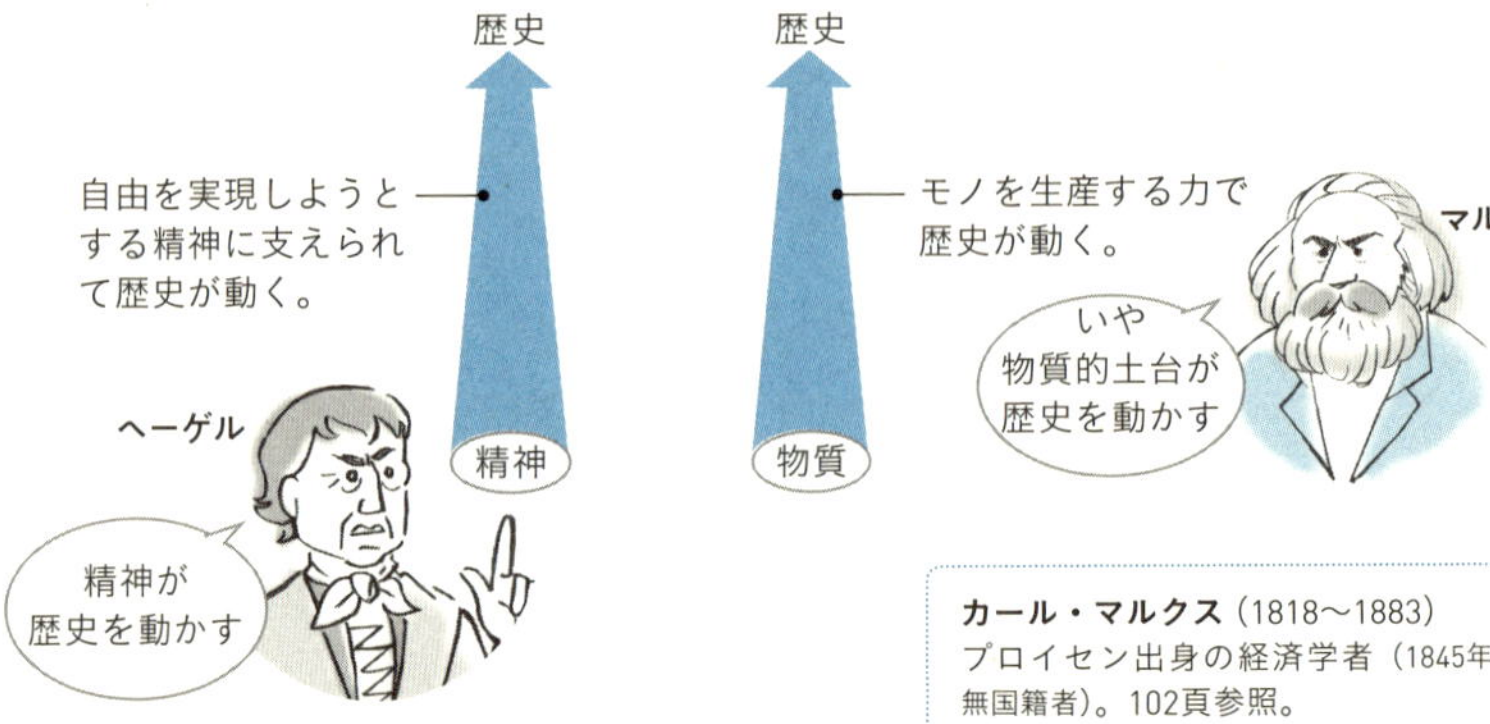

カール・マルクス（1818〜1883）
プロイセン出身の経済学者（1845年以降は無国籍者）。102頁参照。

ヘーゲルは逆立ちしている

ヘーゲルの歴史思想（113頁）を「逆立ちしている」と批判したのが、マルクスだ。マルクスは、意識にしろ、精神にしろ、文化にしろ、あらゆる人間のいとなみは「物質的な土台に支えられている」と考えた。マルクスの唯物論＝共産主義はここからはじまる。意識や精神を重視するヘーゲルは、モノを無視している点で「逆立ちしている」とマルクスは言うのだ。

全員が平等！　マルクスは共産主義が歴史の完成だと考えた。

人類の歴史の終着点は共産主義

マルクスは、生産様式の変化という観点からヘーゲルの歴史の図式を塗りかえる。それによれば、生産様式は歴史的に原始共同制、古代奴隷制、中世封建制、近代資本制、共産主義制の5つの過程をたどる。

現在は資本制の段階だが、このシステムは、資本家と労働者との矛盾という決定的な欠陥を孕《はら》んでおり、そのため将来的には共産主義＝社会主義への転換を余儀なくされるはずだとマルクスは考えた。

職人気質の友人に

歴史を変えるようなモノづくりをしよう

カッシーラーの「歴史」

歴史に客観的真理はない

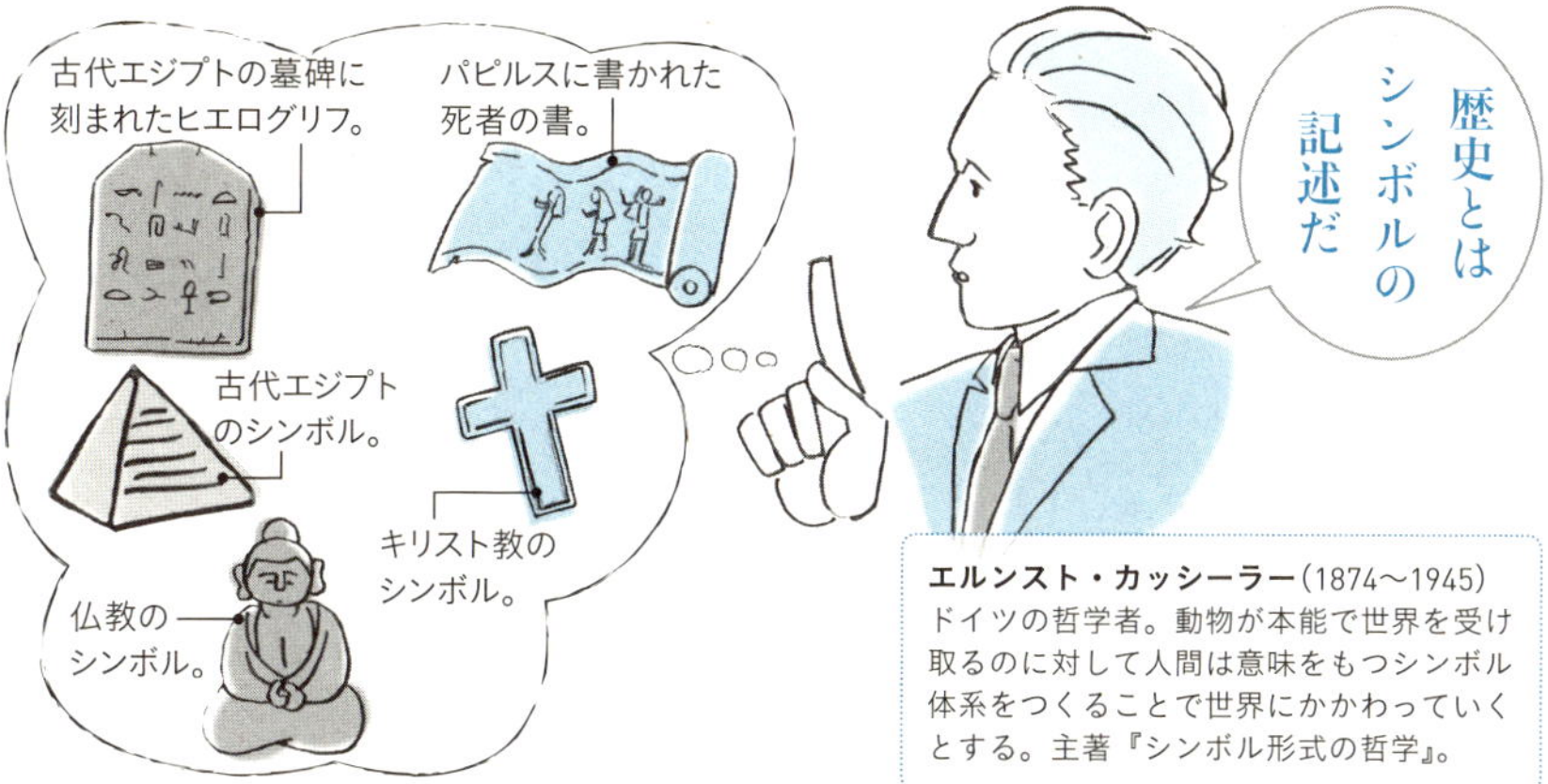

エルンスト・カッシーラー（1874〜1945）
ドイツの哲学者。動物が本能で世界を受け取るのに対して人間は意味をもつシンボル体系をつくることで世界にかかわっていくとする。主著『シンボル形式の哲学』。

あらゆる歴史は「いま」から記述されるしかない

歴史とはすべて、もう存在しない過去の話だ。そのため、歴史を記述する行為はそれを記述する者のいる現在を起点として遡らざるをえない。そこで記述される過去は当然ありのままの過去ではありえない。そのような記述される出来事の総体を、カッシーラーは「シンボルの世界」と呼んだ。言葉も文化も、むろん歴史も、人間はすべてをシンボルに翻訳（記号化）して記述し、受容し、記憶してゆく。

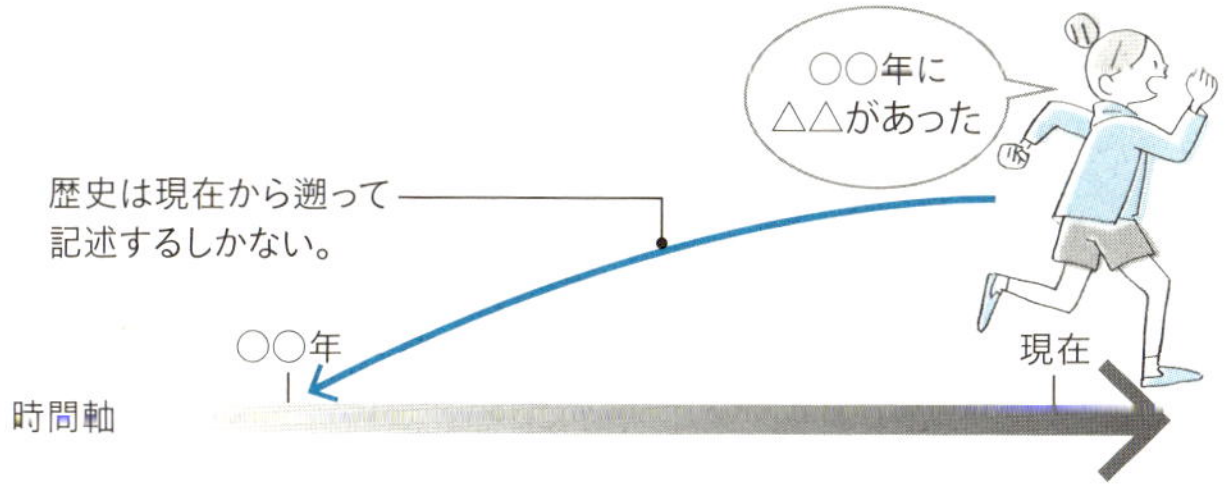

歴史の全体は俯瞰《ふかん》できない

過去は「いま」からの遡及《そきゅう》的な記述だという事態は、今日では「物語論（※）」と呼ばれる考察領域の大前提となっている。過去を記述するとは、過去について物語る行為に他ならないのだ。物語であるから、そこに客観的な真理性は要求できない。

何しろ、歴史の全体を一望俯瞰するような視点は存在しえない。私たちに可能なのは、自分の生きる時代の観点からそのつど、歴史についてのシンボルを描くことだけだ。

歴史の真実を知りたい学生へ

ありのままの歴史を振り返ることはできないよ

※：通常の物語論には、語られる内容の類型に力点を置く立場と表現形式に注目する立場とが区別されるが、近年歴史叙述に孕まれる物語性に着目する議論が登場している。

ヨーロッパが世界の中心なの？

今後、世界の中心はどこへ……
16世紀以降ヨーロッパが世界の中心に
16世紀以前の世界の中心はアジア

中世を過ぎると、ヨーロッパとアジアの地位は逆転した

いま私たちになじみのヨーロッパ像は、16世紀の大航海時代以降のもの。当時、アメリカ大陸発見や非キリスト教圏への布教活動などを通して、地球上にヨーロッパの足跡が刻まれました。しかし、もう少し時代を遡ると、ヨーロッパはけっして世界の中心ではありませんでした。

13世紀後半には、チンギスハンとその孫バトゥに率いられたモンゴル帝国によって、ポーランドとハンガリーが奪われました。10世紀ごろに十字軍遠征がいくどか試みられましたが、初回こそ成果を挙げたものの、最終的には撤退を余儀なくされました。さらに遡れば、すでに5世紀にはフン族にも侵攻されており、これがゲルマン民族大移動の引き金となり、ひいては西ローマ帝国崩壊の遠因ともなりました。

ベルリンの壁崩壊の後、1993年に発足したEUですが、21世紀の現在、早くもその弱体化が囁《ささや》かれています。イギリスがEUからの離脱を表明し、ヨーロッパというまとまりすらふたたび雲行きが怪しくなっています。

ヘーゲルの「ヨーロッパ論」

自由かつ正統だ

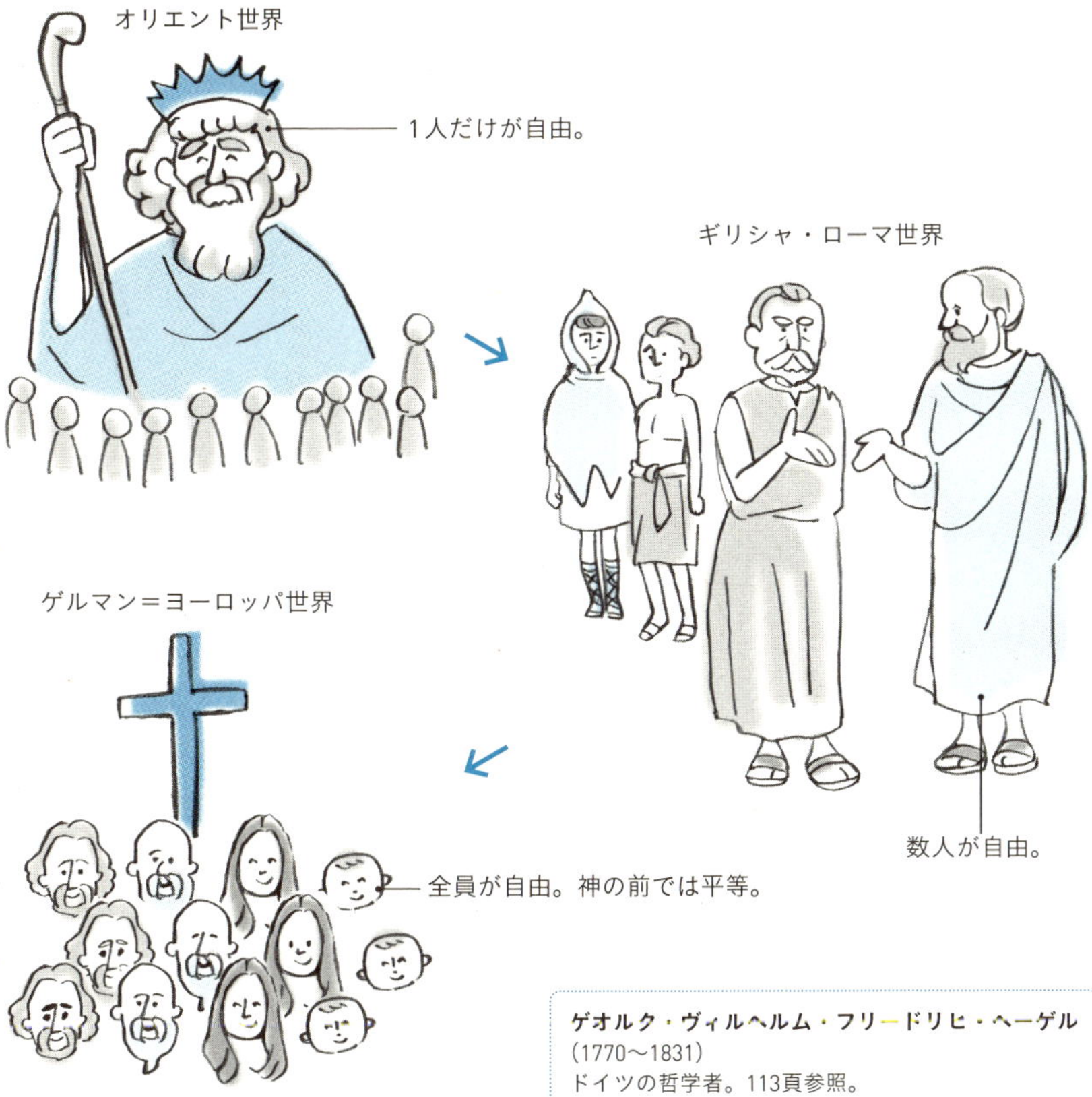

ゲオルク・ヴィルヘルム・フリードリヒ・ヘーゲル
(1770〜1831)
ドイツの哲学者。113頁参照。

ヨーロッパこそが歴史の正統

ヘーゲルの歴史観では、ヨーロッパはゲルマン世界に重なる(※)。ヘーゲルが歴史の原動力とみなした「自由の意識」の進展はゲルマン＝ヨーロッパ世界においてこそ完成を迎えると考えていた。なぜそういえるのだろうか。

ヘーゲルは「自由の意識」の展開をつぎのようにあとづける。まず、オリエント世界では「専制君主1人が自由を知っているだけ」だった。つぎにギリシャ・ローマ世界では「若干の者が自由だと知っていた」にすぎなかった。それに対して、ゲルマン世界は「キリスト教によって誰もが自由だと認識された」とヘーゲルは考える。あとは、ヨーロッパの自由の意識を世界中にもたらせばよいのだというのがヘーゲルの主張であった。

ヨーロッパに旅行する息子に

本場の自由を体感してくるといいよ

※：ヘーゲルは世界史の展開過程をオリエント世界、ギリシャ・ローマ世界、ゲルマン＝ヨーロッパ世界の三段階に分けて考察した。

サイードの「ヨーロッパ論」

東洋（オリエント）を支配しようとしてきた

「東洋」とひとくくりにして、イメージをつくりあげた。

東洋への視線がヨーロッパの帝国主義を生んだ

「オリエンタリズム」とは、もともとは芸術における東洋趣味や学問研究をさす言葉だった。それをサイードは、ヨーロッパがオリエントをイメージする際の特定の思考様式をさす術語として用いた。

「西洋」はみずからを「東洋」とは異なる存在と認識するばかりでなく、東洋を指導する立場を自任し、精神的優位に立とうとした。

オリエンタリズムは、西洋が東洋を指導する立場にあるのだ、という西洋の植民地主義的な思考をも生んだ。
西洋
東洋
オリエンタリズムが帝国主義を導いた！

エドワード・サイード（1935〜2003）
パレスチナ系アメリカ人の批評家。西洋のアジアに対するロマンチックなイメージが、帝国主義を密かに正当化してきたと主張する『オリエンタリズム』が有名。

差異と差別

「東洋」というイメージが、実際にこの語で指し示される地域に住む人びとの現実とは無関係に増殖し、「オリエンタリズム」として流通しているとサイードは指摘している。

確かに、東洋と西洋は違う。しかるに、違うという「差異」意識は往々にして優劣という「差別」意識にすりかわる傾向をもつ。私たちはともすれば、価値判断という色眼鏡でものを見がちだ。

違う文化に触れるとき

表面的なイメージでの判断には要注意

デリダの「ヨーロッパ論」

世界の中心ではない

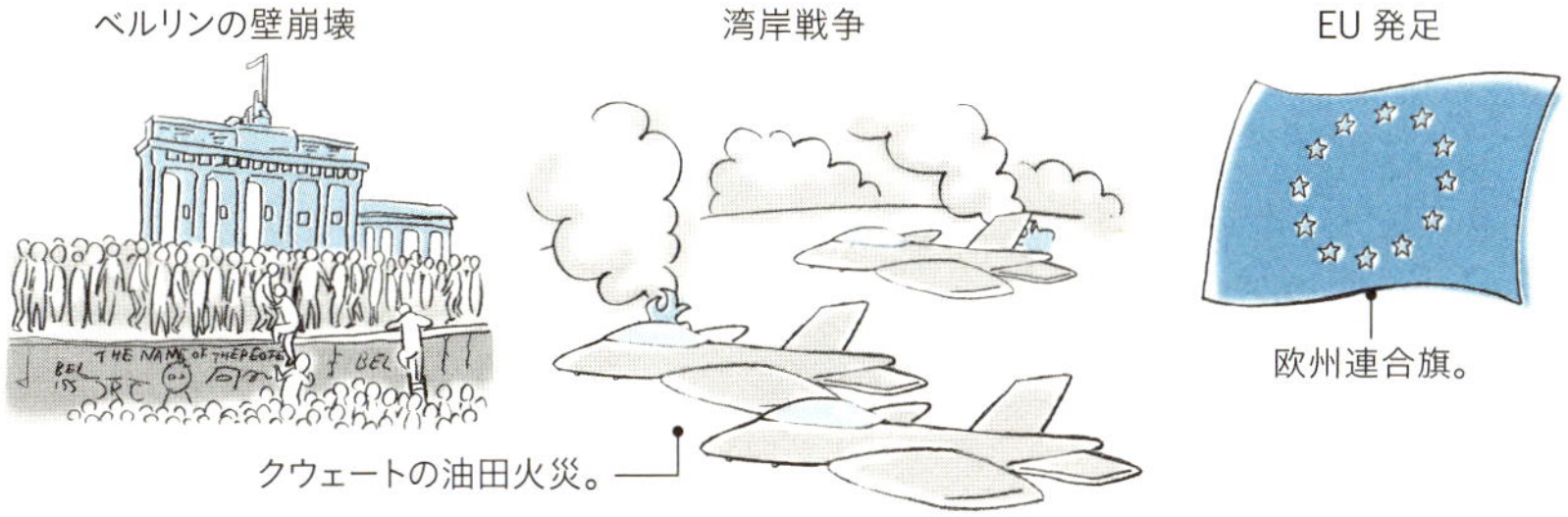

ヨーロッパの激震

20世紀後半、ヨーロッパには激震が走った。ペレストロイカと旧ソ連の崩壊、東欧の民主化、ベルリンの壁の崩壊、東西ドイツの再統一、湾岸戦争、EU連合の発足といった出来事があいついだのだ。

そうした流動的な状況のなかで、ヨーロッパが世界でどのような立ち位置を取るべきかを模索したのがデリダの著作『他の岬』だ。

ジャック・デリダ（1930〜2004）
フランスの哲学者。97頁参照。

かつてのヨーロッパはもはや過去の存在

ユーラシア大陸の西の突端（岬）にすぎない地域なのに、世界の精神的指導者という自己イメージを抱くようになったヨーロッパ。

自己中心主義で塗り固められた歴史を単純に肯定するのでも否定するのでもなく、現代のヨーロッパのひとたちが流動的に揺れ動いているみずからの地域とどう向きあってゆくべきかをデリダは問いかけている。

老いていく頑固な父に

現在の自分と向きあって家族とつきあってほしい

column

東洋思想と哲学

哲学とは、眼に見えない原因をもちだすことなく、この世界をあるがままに理解しようとする試みとして、古代ギリシャで生まれた特殊な思考様式です。しかし、人生訓的な意味での哲学なら、古今東西あらゆるところに見られます。東洋で生まれた仏教にも、哲学的テーマがありました。

ブッダが説いた原始仏教はすでに紹介しましたので（73頁）、ここでは日本仏教を採りあげてみましょう。大陸経由で日本に仏教が伝来したのは、6世紀半ばのことです。そのときの仏教は大乗仏教（広く衆生の救済をめざす教え）のはずでしたが、日本では僧侶が公務員扱いされていたことからもわかるように、朝廷と貴族に仕えることがその使命とされていました。そのような偏りを排して、本来の大乗の教えに立ち返ることをめざしたのが、鎌倉時代に登場したいくつかの流派です。

その代表が浄土宗《じょうどしゅう》です。開祖法然《ほうねん》はもともと比叡山延暦寺《ひえいざんえんりゃくじ》で修行に励んでいましたが、衆生救済《しゅじょうきゅうさい》をめざして山を降りました。法然が拠りどころとした『浄土教』には、阿弥陀如来《あみだにょらい》の願掛けの話が載せられています。自分が悟りを開いた暁《あかつき》には自分を信じるすべての民を自分の住まう極楽浄土《ごくらくじょうど》へ招き入れると願をかけた阿弥陀如来の力にすがって極楽往生《ごくらくおうじょう》（※）をめざすという他力（84頁）の思想が、浄土教の根幹です。法然の弟子でのちに浄土真宗を説いた親鸞《しんらん》、また同じ時代に踊念仏を唱えた一遍《いっぺん》が、この時代の浄土系仏教の代表格です。

もちろん、ブッダがそうしたように出家し修行して悟りをめざすのが王道だという立場もあります。鎌倉時代にこの自力を説いたのが、曹洞宗《そうとうしゅう》の開祖となった道元《どうげん》です。こうした振れ幅の広さが、鎌倉新仏教の大きな特徴だといえるでしょう。

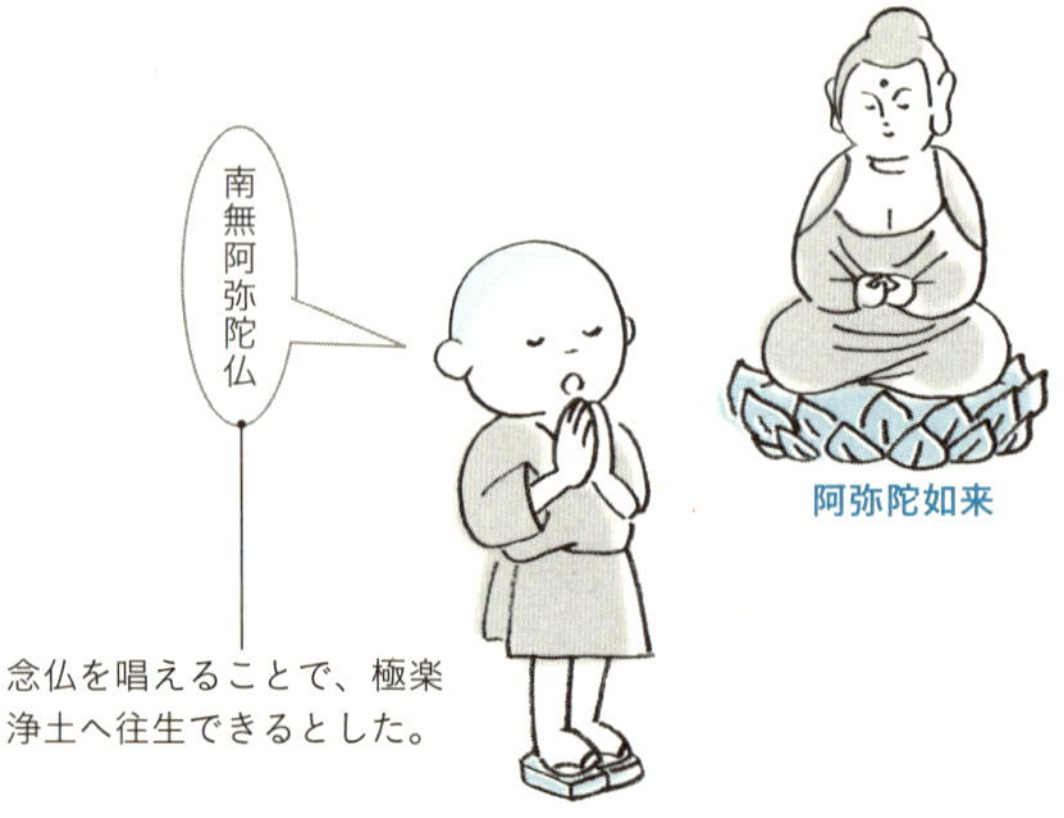
南無阿弥陀仏
阿弥陀如来
念仏を唱えることで、極楽浄土へ往生できるとした。

＊：もともと往生とはこの世を離れて浄土へ往き、そこで改めて生まれかわって悟りをめざすことを意味する。

6章

「本当のこと」を考える

認識論、確実性、真理など、哲学者たちは白黒はっきりつけられないような問いにも答えを見いだそうとしてきた。

「本当のこと」を考える

「知っていること」と「知っていると思うこと」は同じ？

オレは何でも知っている……って
それ本当？

何かについて正しく知っている状態（ギリシャ語でエピステーメーにあたります）と、知っていると思っているだけの状態（ギリシャ語でドクサと言います）とは同じなのでしょうか。違うのでしょうか。

この二つの混同を問題視したのがソクラテス（39頁）です。当時のアテナイは民主政治がはじまり、弁論に長けた者の意見が通る世のなかでした。そうした状況を見越して、アテナイにきた人びとの一部がソフィスト（知者）です。彼らは富裕層に弁論術を教え、高い報酬を得ました。

しかし、彼らの知識に疑問を抱いたソクラテスは、彼らのもとに出向いて、任意の話題について質問します。ソフィストの身上は知識なのですから、どんな問いにも即座に答えます。それに対してソクラテスは、その答えの曖昧《あいまい》な点について質問を重ねてゆきます。そうして彼らが返答に窮するところまで問い続けたのです。

結果的に、ソフィストは自分たちが物知りだと思っていたのが誤っていたと気づきます。これが「無知の知」です。

プラトンの「ドクサ(イデア論)」

正しい知識はイデアとして存在する

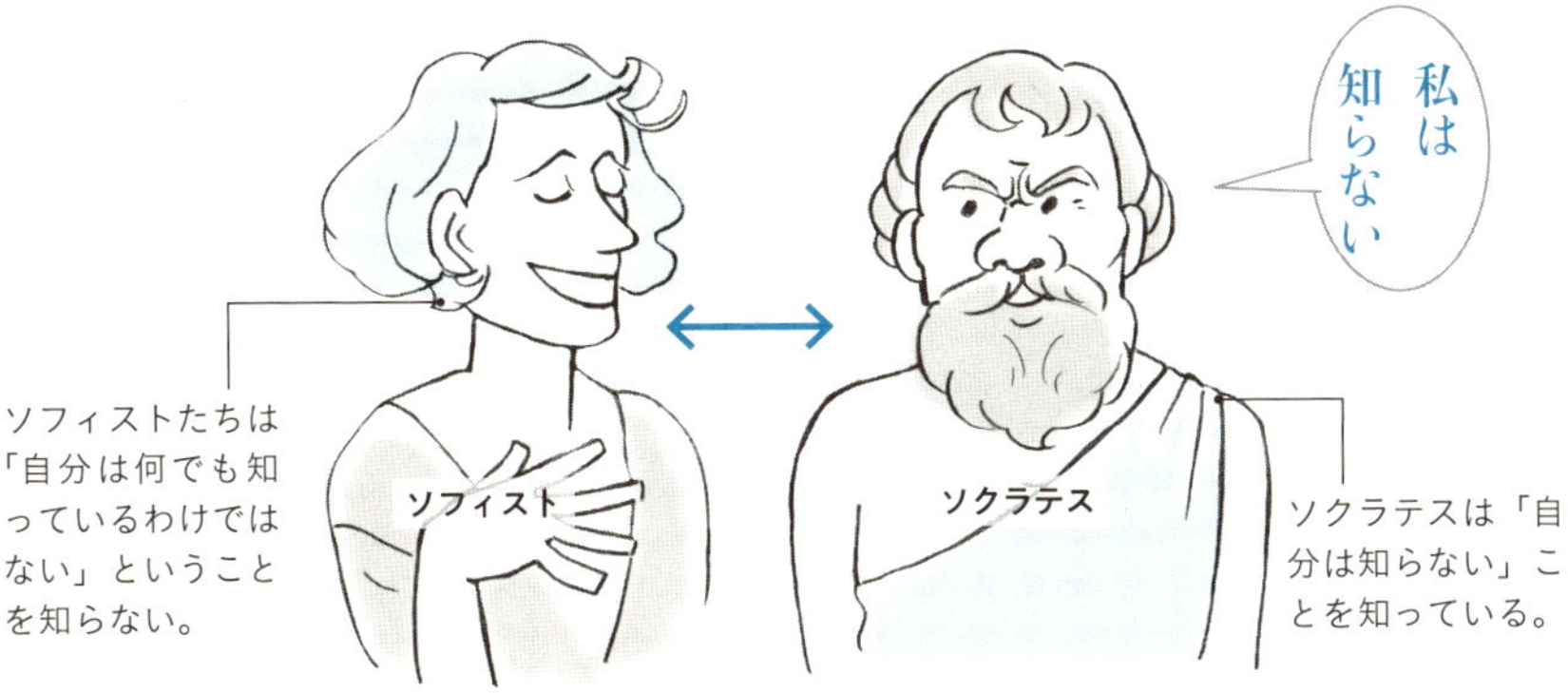
私は知らない
ソフィスト
ソクラテス
ソフィストたちは「自分は何でも知っているわけではない」ということを知らない。
ソクラテスは「自分は知らない」ことを知っている。

ソクラテスの問いをうけた疑問

ソクラテス（39頁）によって、ソフィストでさえ正しい知識を欠いていることが露呈した。そうなると、そもそも正しい知識があるのかということすら疑わしくなる。さらに、かりにそれがあったとしても、その真理を私たちが正しく知ることができる保証はあるのだろうか。

この問題に答えるべく、プラトンが考案したのが「イデア論」だ。

プラトン（前427〜前347）
古代ギリシャの哲学者。25頁参照。

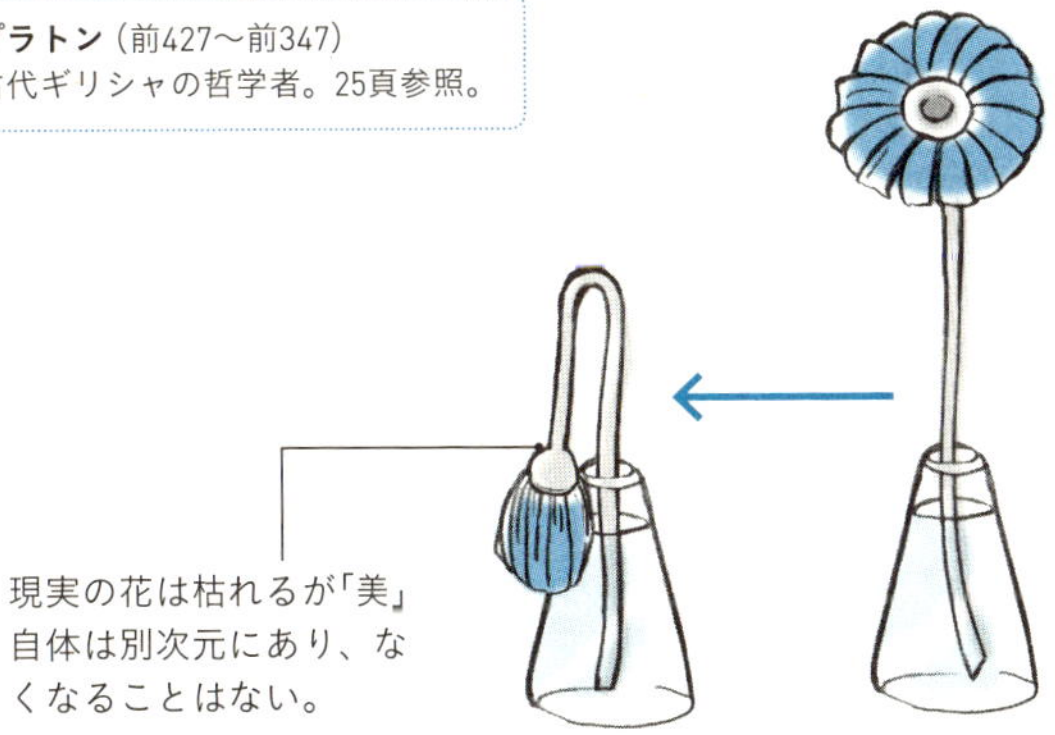
現実の花は枯れるが「美」自体は別次元にあり、なくなることはない。

正しい知識とはイデアだ

いま花瓶に美しい花がさしてある。1週間もすれば、花は枯れてしまう。しかし、その花の美しさが枯れたとは誰も言わないだろう。この例において、花が具現していた美自体という真理がイデアにあたる。

プラトンによれば、イデアこそが個々の事物の真理性を担う支えであり、それによって私たちの真理認識は保証されていると言う。

老いを恐れる女性へ

あなたの美の本質は何も変わらないよ

カントの「認識論」

人間は真理を認識できない

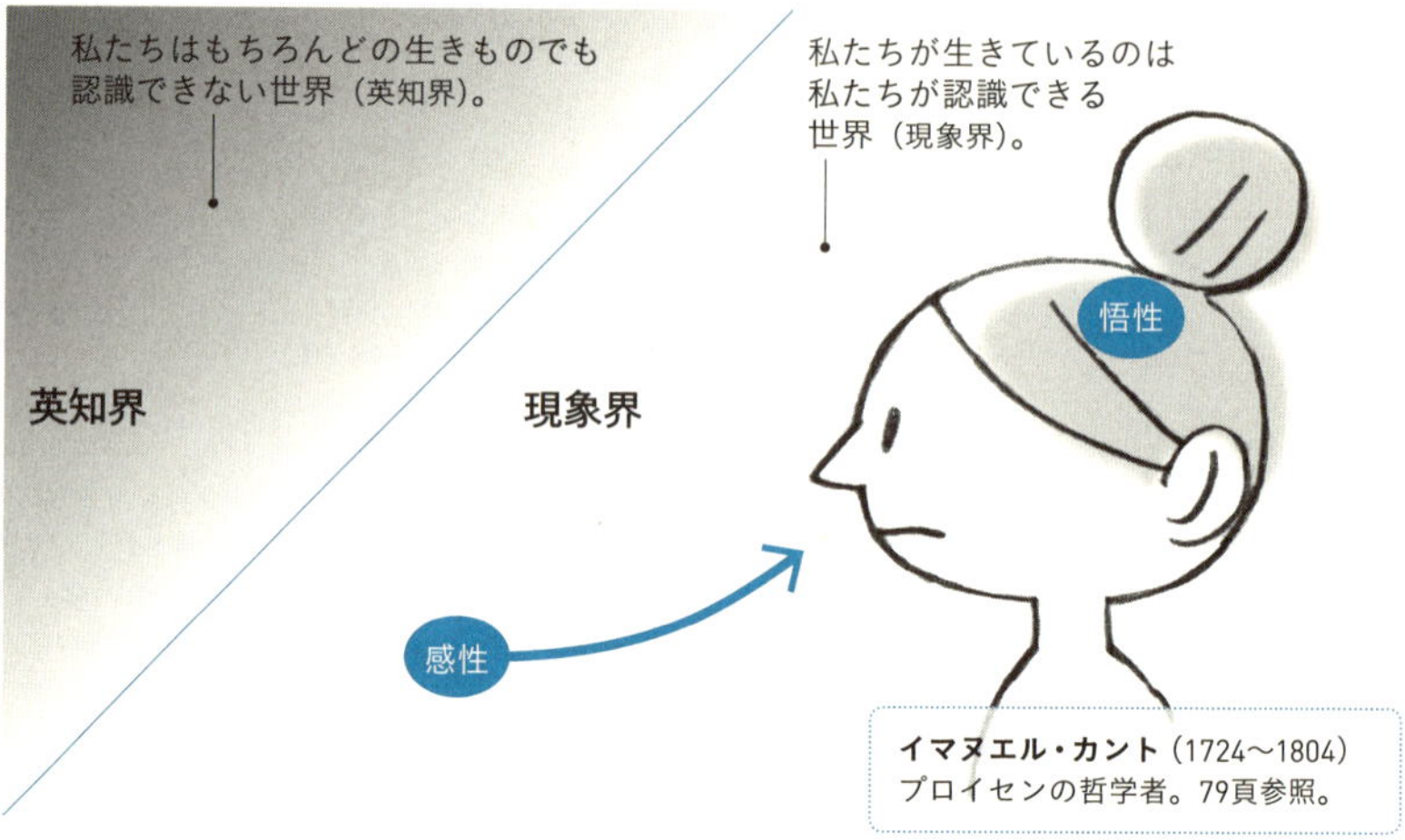

認識は「感性」と「悟性」の協働の産物

カントによれば、私たちの知る行為すなわち認識は「感性《かんせい》」と「悟《ご》性《せい》」との協働によって可能となる。「感性」とは平たくいえば五官であり、外部情報の入力を担当する。一方、「悟性」とは感性からの情報を整理し組み立てて、何を認識しているかを私たちに教える能力だ。

真理は個々のものとは区別されねばならない

ユクスキュル（107頁）によれば、生きものの感覚能力には種ごとに差があり、それぞれの生きものが認識できる世界は異なる。カントのいう「悟性」についても事情は同じだ。人間は自分の認識能力（感性＋悟性）に応じた世界を認識し、そのなかで生きているとカントは考えた。

そうなると、私たちが認識する世界の姿は、他の生きものには当てはまらないことになる。つまり、世界自体の姿という真理はけっして手の届かないものなのだ。誰にも真理それ自体は認識しえないというのがカントの結論だ。

世界は認識できると言うひとに

本当の世界を知ることはできないもの

論理実証主義の「言語観」

正しく認識できるかどうかが問題

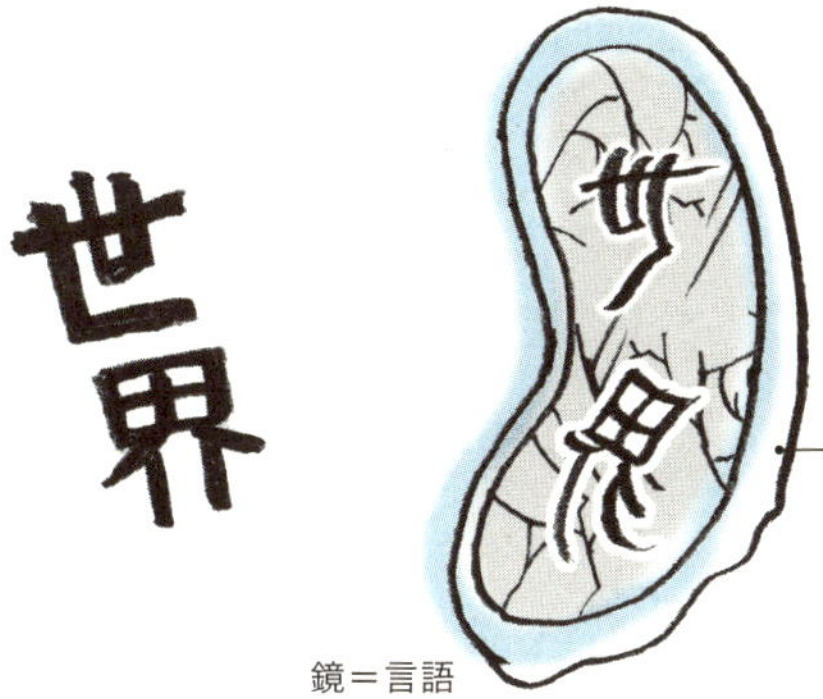
世界
世界
鏡＝言語
鏡と同じく言語にも歪みがあると正しい知識を伝えられない。

言語は世界そのもの

サピア＝ウォーフによれば、私たちのあらゆるいとなみは言語に拘束されている（49頁）。ソシュールも、言語こそが私たちの世界認識の土台だと言っていた（52頁）。知る、感じる、伝える……私たちのあらゆる行為には言語が介在している。言語はいわば世界を映す鏡だ。鏡に傷や曇りがあれば、ものは正しく映らない。同様に、言語も歪みや曖昧さがあったら、世界の姿を正しく伝えてはくれない。そもそも正しい知識を認識できるのかが問題になるからだ。

神は存在する
いや、存在しない
気温は△△℃だ
日常言語は検証不可能。
検証可能な科学言語を分析することを目的とした。

日常言語から科学言語へ

そうした反省のうえに立って、真理の認識から認識をつかさどる言語の分析へと大きく舵《かじ》をきったのが、20世紀初頭にウィーンで誕生した論理実証主義(※)者たちだった。そこでは日常言語の曖昧さが問題視され、世界を写し取る鏡となるべき「科学言語」が磨きあげられた。

言葉遣いが荒いひとに

言葉は心の鏡。正しく使うようにしよう

※：ウィトゲンシュタインの『論理哲学論考』の影響下、1929年に結成されたウィーン学団による哲学思想。検証不能な形而上学は無意味だとして検証可能な科学を重んじ、哲学者の任務は言語分析にあるとした。

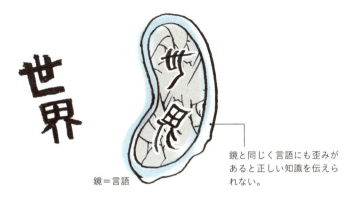

誰もが納得する真理はあるの？

「真理はある」派
↓
誰が判定する？
「真理はない」派
↓
懐疑主義に
陥ってしまう
どちらも正しいような、間違っているような……

真理を一言で定義するなら「いつでもどこでも誰にでも何に対しても当てはまること」というところでしょう。しかし、そんなものがこの世にあるのでしょうか。しかも、何事かが「これこそ真理」だと主張されたときに、その内容が本当に真理なのか、つまり定義どおりの妥当性をもつのかを、誰が判定するのでしょうか。

とはいえ、だからといって早計に「真理などない」と断定してしまうと、そこには懐疑主義(※)の泥沼が口を開けて待っています。確かなものが何もないということになると、真偽を決することもよしあしを断じることもできなくなり、結果として、誰が何をしても批判できない、何でもありの世界になってしまいます。

真理はあると断言することも、真理などないとはぐらかすことも同等に問題なのです。こうして、どちらとも決めかねるという自己矛盾に陥ってしまうわけです（これを「二律背反《アンチノミー》」と言います）。

この袋小路から逃れる道はあるのでしょうか。

※：懐疑主義とは何も確かなことはありえないとして、すべてを疑ってかかる態度のこと。

アリストテレスの「真理」

思考と存在の真偽が一致するとき

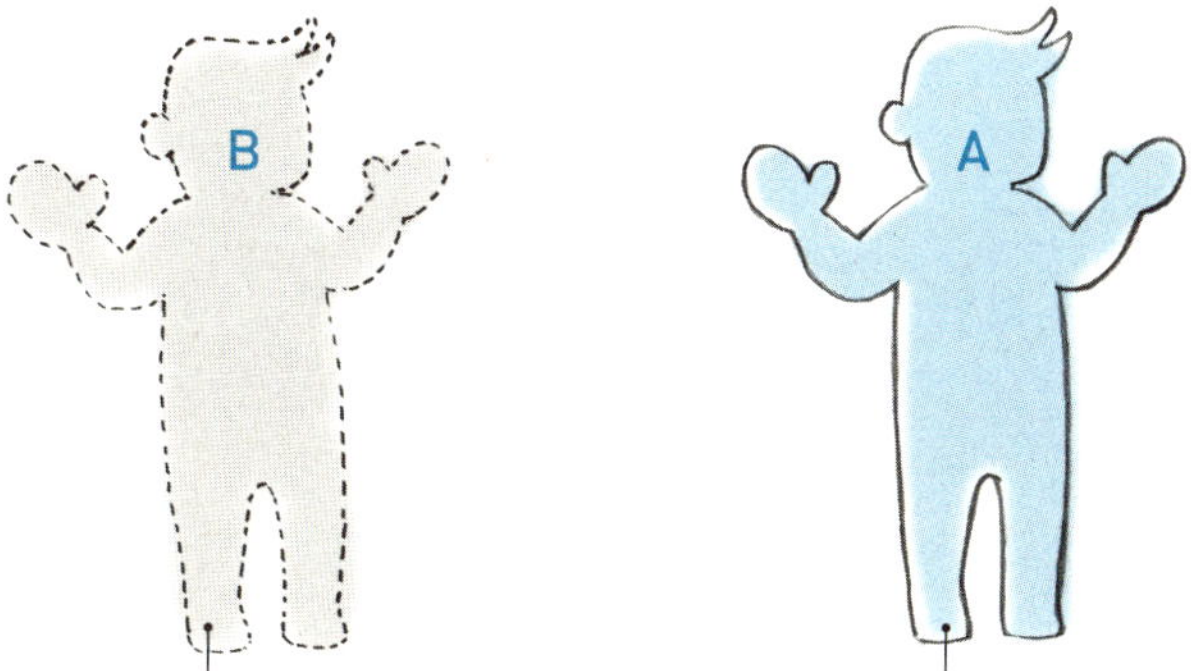

実体が存在しないので「Bが存在する」という思考は偽である。

実体が存在するので「Aが存在する」という思考は真である。

アリストテレス（前384〜前322）
ギリシャの哲学者。61頁参照。

真理の対応説

実体は存在しないのに思考が存在する状態をアリストテレスは「偽」とした。そうなると神もまた「偽」となってしまうので、中世の哲学者は「神の存在証明」に躍起となった。

実体＼思考	存在する	存在しない
存在する	真	偽
存在しない	偽	真

神は実在するのか？

思考と存在が対応するとき、真理となる

アリストテレスは論理学を創設したことでも知られる。彼の論理学は、私たちのさまざまな判断を形式的に整理して、どのような場合に任意の判断が「真」となり、あるいは「偽」となるのかを明確にすることを意図してつくられた。

では「真」となるのは、どのような場合だろうか。たとえばAという実体が存在するとき、「実体Aは存在する」という思考は真であり、「実体Aは存在しない」という思考は偽となる。

逆に、存在しない実体Bについては、「実体Bは存在しない」という思考は真であり、「実体Bは存在する」という思考は偽となる。

このように、思考と存在の真偽が一致する場合に、それを「真理」だと判断する考えかたが「真理の対応説」と呼ばれる。

何が真実かわからなくなったら

存在するからこそ真実になる

ライプニッツの「真理」

事実の真理と理性の真理の2つある

「空は青い」は事実の真理。「空は青い」こともあれば「灰色」のときもある。

真理は判断に応じて決まる

ライプニッツは、「真理の対応説（127頁）」の核心は「判断（思考内容を表現する一定の形式）」にあると考えた。思考の真偽と存在の真偽が一致するかを確認するまでもなく、表現形式を確認すれば、真偽はおのずと決まると言う。

「空は青い」のように、それを否定しても矛盾に陥らない真理を、ライプニッツは「事実の真理」と呼ぶ。一方、数学的真理のように、否定すると矛盾に陥る真理を「理性（永遠）の真理」と呼んだ。

神の真理と被造物の真理の、2種類がある

「理性（永遠）の真理」は必然的であって、その逆は不可能だ。理由は「理性（永遠）の真理」が神に由来する真理だからだとライプニッツは考えた。それに対して、「事実の真理」は偶然的で、その逆も可能だ。事実の真理は被造物のレベルでの真理とみなせばよいのではないかとライプニッツは考えた。

数学的真理はいつでも変わりない。
1＋1＝2
理性（永遠）の真理は変わらないよ！

ゴットフリート・ヴィルヘルム・ライプニッツ（1646〜1716）
ドイツの哲学者、数学者。106頁参照。

真実の愛はあるかと聞かれたら

あるが、どう捉えるかによって変わるもの

ニーチェの「真理」

真理は人間が勝手に生み出したもの

SAVE
DOLPHINS
パースペクティ
ヴィズム
かわいい
へー
イルカって
頭いいなー
イルカ漁の禁止が
真理となる。
「頭がよくかわいいイルカ」→「イルカは高
等動物」→「イルカは保護の対象である」と
いったように、拡大解釈し価値を与える。

真理とは都合のいいように拡大解釈したものだ

ひとは誰しも、自分のものの見かたが普遍的なものだと思い込みがちだ。そうした偏った視野をそのまま拡張して、自分の都合にあわせて改釈した価値を付与する態度を、ニーチェは「パースペクティヴィズム」（遠近法主義）と呼んだ。ニーチェに言わせれば、私たちが自明と思っているあらゆることが、パースペクティヴィズムから生まれた価値にすぎず、けっして普遍的真理とは言えない。

フリードリヒ・ニーチェ（1844〜1900）
ドイツの哲学者。58頁参照。

「四角い何か」
という解釈。
「丸い何か」
という解釈。
見る位置によってものの見
えかたが異なることもある
ように、すべての価値は個
人の解釈に委ねられる。

パースペクティヴィズムと真理

「真理」も、という以上に「真理」こそ、パースペクティヴィズムにもとづいて捏造された価値の1つだ。では、どのようにして真理という価値は捏造されたのか、さらにはどうすればそれを乗り越えてそのさきに行けるのか。晩年のニーチェは、こうした課題に取り組む途上で亡くなってしまった。

自分の主義を否定されたら

しょせんはパースペクティヴィズムなものだから

確実なものって存在するの？

もし懐疑論者だったなら「確かな愛なんてあるわけないさ」と立ち直れただろうに……

哲学には、懐疑主義というギリシャ以来続く伝統があります。この懐疑主義の祖とされるのが、ヘレニズム時代に活躍したピュロン（※）です。懐疑主義者と聞くと、「確かなものなど何もない」と斜にかまえるひねくれ者のイメージをもたれるかもしれません。しかし、アレクサンダー大王の東征に伴い、東洋哲学に触れたピュロンは、そんな人物ではありませんでした。

ピュロンにとって、懐疑主義とは何よりもまず人生訓でした。何かを確実だと思い込むと、それが否定されたときに立ち直れなくなります。どんな考えにも疑問や反論の余地はあります。ならば、はじめからあらゆる思い込みを捨てて、すべてをあるがままに受け入れるほうがずっとよい。

そもそも私たち人間に絶対の真実をつかめるという保証はない以上、心の乱れの原因となる判断ないし予断をすべて停止（エポケー）して、まずは心の平静（アタラクシア）を保つことを心がけようというのが、ピュロンの考える懐疑主義の要諦です。

※：ピュロン（前360〜前270）懐疑主義の祖とされるギリシャの哲学者。アレクサンダー大王の遠征に随行してインドまで足をのばしたと考えられる。

モンテーニュの「確実性」

決めつけを避けるために吟味すべし

私は何を知っているだろう？
絶えず自己吟味を続けてゆこうとするモンテーニュの姿勢には、ソクラテスの「無知の知」の教えがこだましているように思われる。
正しいのは「クセジュ」（私は何を知っているだろう？）なのです。

ミシェル・ド・モンテーニュ（1533〜1592）
ルネサンス期のフランスの哲学者。懐疑論者として知られ、人間の生きかたを探求して逆説を綴り続けた『エセー』が有名。

確かじゃないことが確か、という矛盾

モンテーニュは著作『エセー』のなかで、懐疑主義についてこう述べている。

いっさいを疑ってかかる懐疑論者は、「確かなものなど何もない」と言いつのることで、自分の主張を「確かに信じられるものなど、存在しない」という確実な真理にしてしまい、自己矛盾に陥る。

「確かなものはある」と言いはる独断論者も、「確かなものはない」という懐疑論者も、結局は独りよがりの決めつけという同じ誤りに行きつかざるをえない。だから、真の懐疑主義の定式は「私は何を知っているのか？」(Que sais-je？「クセジュ」）という不断の疑問形でしかありえないだろう。

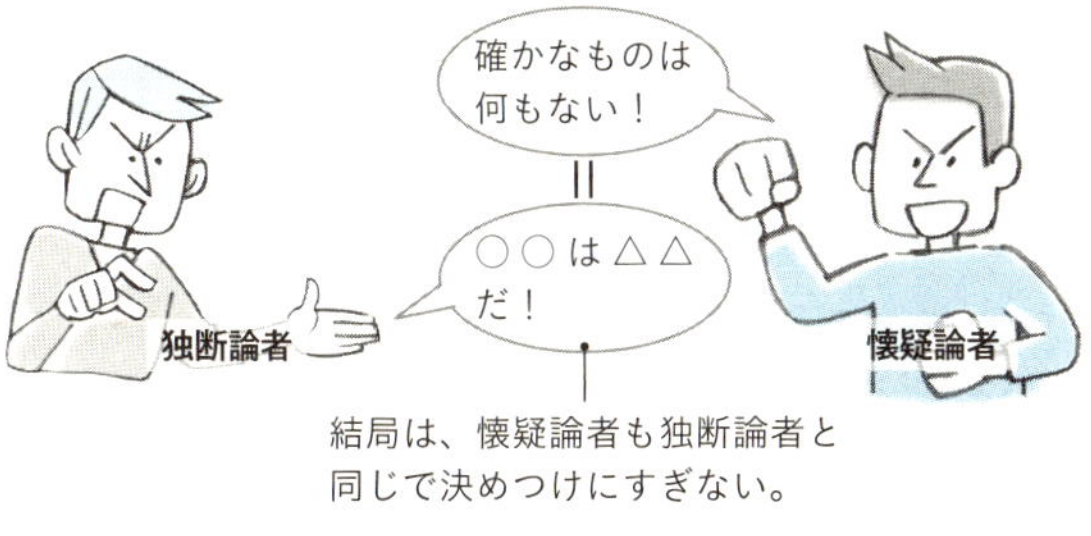
確かなものは何もない！
＝
○○は△△だ！
独断論者
懐疑論者
結局は、懐疑論者も独断論者と同じで決めつけにすぎない。

何でも決めつける娘へ

私は何を知っているのかと、まずは自分に問いかけよう

ムーアの「確実性」

常識命題を集めることだ

自分にとって自分の存在は確実

　私たちは、自分の心の状態に関しては疑いの余地なく知っており、自分の存在は自分には確実だとデカルトはじめこれまでの哲学者は考えてきた。そのうえで彼らは、自分の心以外のもの（身体や物体や過去や他者など。外的状態）がいかにして認識されるのかを問題にしてきたのだ。

我思う、ゆえに我あり

デカルトはすべてを意図的に疑い（方法的懐疑）、その結果自分の意識の存在だけは疑いようのないものだと発見した。

これは私の右手だ！

ムーアは、心ではなく自分の手を使うことで哲学者がこれまでもちだしてきた確実さの基準が、常識に照らしていかにばかげているかを指摘した。

ジョージ・エドワード・ムーア（1873〜1958）
イギリスの哲学者。1939年の論文「外的世界の証明」では、「ここに手がある」と言いながら手を挙げることで手の存在の証明には十分であると主張した。

確実さについての従来の見解はばかげている

　イギリスのムーアは懐疑主義にまた違った角度から疑《ぎ》義《ぎ》を呈した。

　心という自分の内的状態の知は外的状態の知よりも確実だという従来の考えかたへの反駁として、ムーアは自分の右手を眼前にかざし、「これが私の右手であることを私は知っている。間違いのない真実だ」と述べた。この世に確実な知識が存在することを示したのだ。

　こうした「常識命題」を集めてゆくことで、世界についての確実な知識が導きだせるとムーアは考えた。

確証が欲しいといわれたら

常識命題を集めて、確かめていくことが大事

ウィトゲンシュタインの「確実性」

知の枠組みの形成を確実にするにすぎない

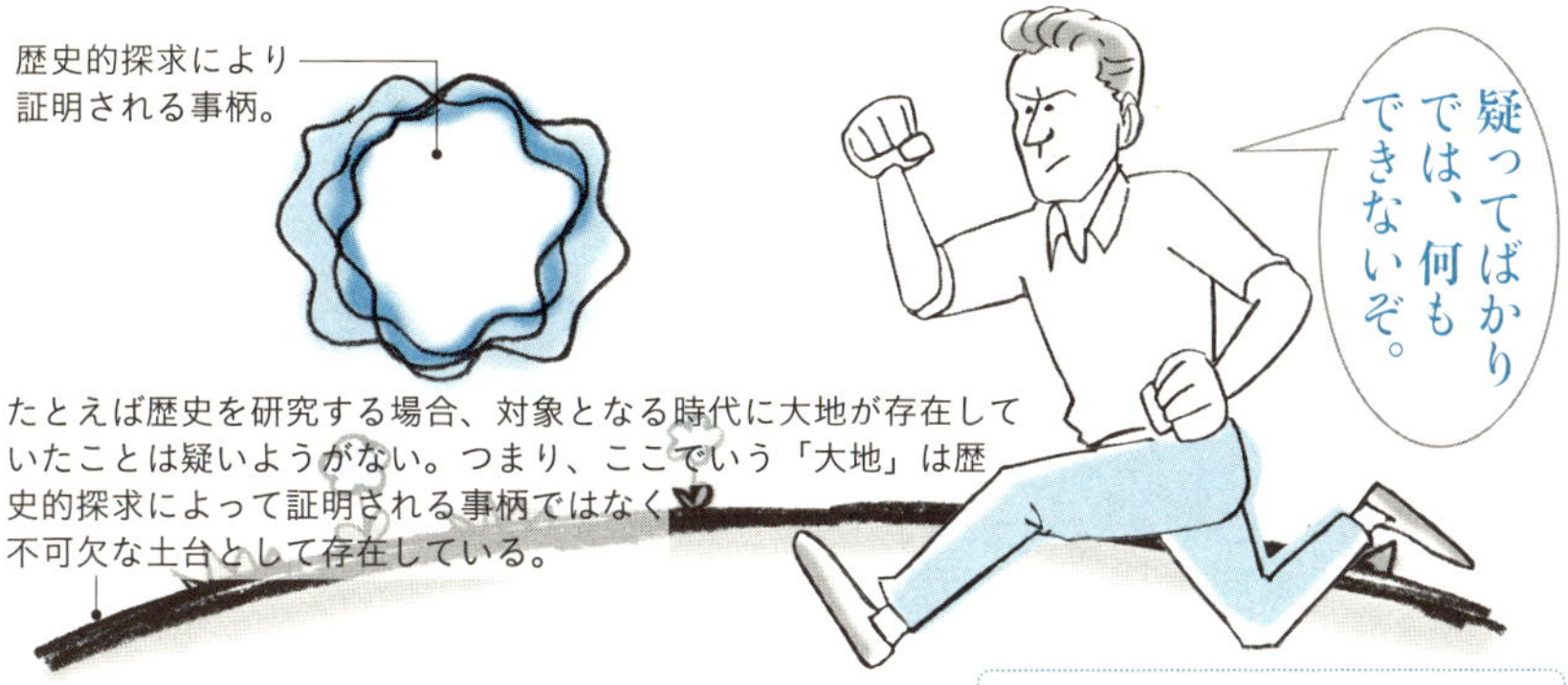

ルートヴィヒ・ウィトゲンシュタイン
(1889〜1951)
オーストリア出身の哲学者。44頁参照。

確実性としての大地

ウィトゲンシュタインは、ムーアに触発されて晩年に『確実性の問題』という草稿を書き残した。ここでいう「確実性」とは、疑いを免除するべきもののことだ。そのような確実性の領域を提示した試みとして、ウィトゲンシュタインはムーアの議論を評価する。

「常識命題」は知の確実性を保証しない

ただ批判も忘れなかった。ムーアの「これは私の右手だと知っている」という言いかたは、ウィトゲンシュタインによれば「知らない」可能性がある場合にしか意味をもたない。つまり、「私は、手が痛いことを知っている」という言いかたがナンセンスである（痛いのを知るのは自分だけだし、知らない可能性もない）のと同じように無意味なのだ。

ウィトゲンシュタインは、知る／知らないというレベルのさらに底に、疑いえないこととしての真理という岩盤を見いだした。

疑問を抱きがちな娘に

疑いようのない真理もあるのだよ

「科学」は絶対正しいの？

現代に生きる私たちにとっては当たり前の存在に思われる「自然科学」とは、じつは18世紀後半から19世紀にかけて形成された新しい学問分野です。

それ以前の時代にも、ニュートンやガリレオといった科学史上の偉人たちがいました。しかし彼らは、私たちが想像するような目的意識、たとえば豊かな社会と自然環境を実現しようといった関心をもって研究したわけではありません。当時は、キリスト教の信仰が行きわたっていた時代です。当然、彼らもみな熱心なキリスト教信者でした。

神が創造した以上、この世界にはしかるべき秩序があるはずだ、その秩序＝自然法則を読みとくことは、そのまま神の創造行為のすばらしさを実証する行為になる。このように、彼らはみな、キリスト教の真理を証示すべく研究に邁進したのです。

むろん、彼らの研究内容までもが問題だというのではありませんが、翻ってみれば、現在の科学にしても普遍的に正しいと確定したわけではないのです。

ポパーの「科学論」

反証されていない暫定的な真理だ

カール・ポパー（1902〜1994）
オーストリア出身の、イギリスの哲学者。科学的言説の必要条件として反証可能性の概念を提唱し、間違いを示す方法をもたない論理実証主義を批判した。

科学理論の検証と反証

科学理論の正しさはどうやって保証されるのだろうか。実際の観測や実験の結果によって確かめられることを通じてだと通常は考えられる。それに疑いの眼を向けたのがポパーだ。

現時点での検証は、これまで蓄積された過去のデータや理論にもとづきおこなわれている。そのため、正しさが保証されたとしても、このさきもずっとそうだとは限らない。万一検証の過程で一度でも異なる結果が出たなら、その時点でもとの理論も誤りだったことになる。これを「反証《はんしょう》」という。

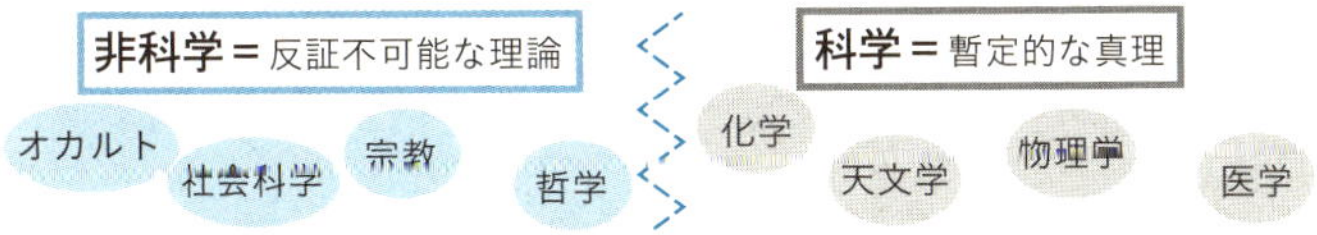

科学的事実は暫定《ざんてい》的な真理

ポパーによればあらゆる科学理論は反証される可能性をもつ。だからこそ、科学理論には発展の可能性がある。逆に言えば、ポパーの考えでは反証可能性をもたない理論はそもそも科学ではありえない。その意味で、精神分析もマルクス主義も擬似科学だ。

こうしてポパーは、科学理論を「まだ反証されていない真理」とみなす反証可能性理論を提唱した。それによれば科学的事実とは、あくまでも「暫定的な真理」なのだ。

科学を専攻する学生へ

反証可能性のある理論こそ科学であり、すべては「暫定的な真理」にすぎない

ハンソンの「科学論」

疑いだすとキリがない

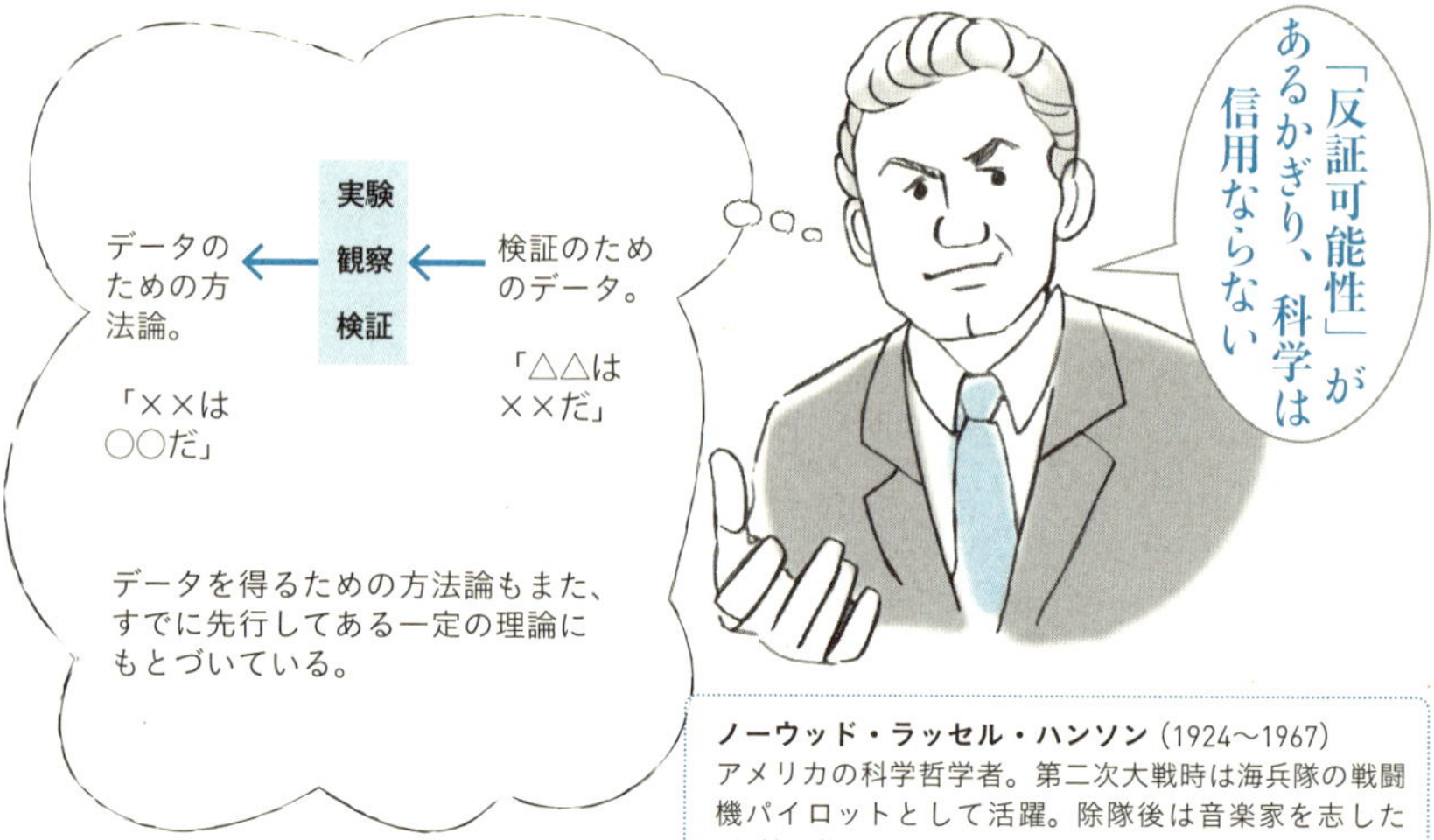

ノーウッド・ラッセル・ハンソン（1924〜1967）
アメリカの科学哲学者。第二次大戦時は海兵隊の戦闘機パイロットとして活躍。除隊後は音楽家を志したが、結局物理学と哲学を専攻して頭角をあらわした。

科学におけるデータとは？

「反証」に足場を置いた科学論を展開したポパーは、それでも科学理論の進歩には信頼を寄せていた。そうした信頼すら真っ向から否定したのがハンソンだ。

科学理論を検証するもとのデータとはどのようなものか。データそれ自体も過去の観察、観測、実験によって導きだされる。ではその観測などの方法論の正しさは何が保証するのか。やはり、さらに先行する科学理論がもとになっているとしか言えない。

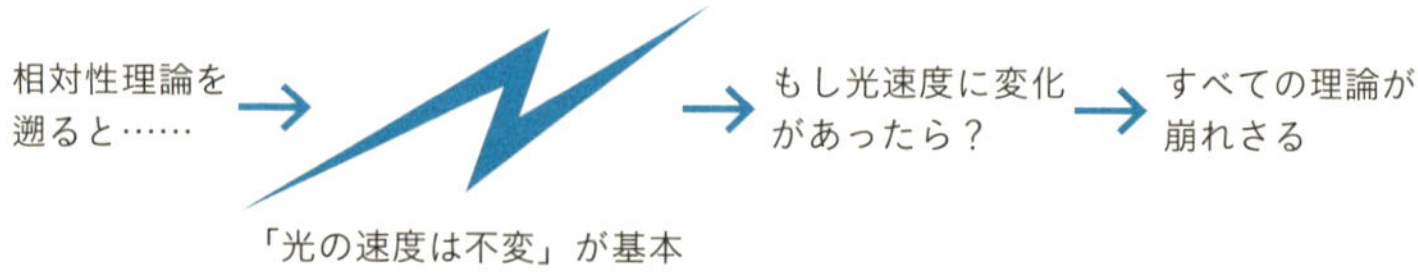

理論負荷性が科学の存在を揺るがす

こう考えてゆくと、すべての科学理論の正しさの証明は無限《むげん》遡行《そこう》に陥るだろう。あらゆる理論は先行する科学理論があって可能になるという事態を、ハンソンは「理論負荷性」と呼んだ。結局、検証の土台となるべきデータそのものの客観性が保証されないことになり、科学の客観性という建前そのものが揺るがされてしまうのだ。

科学を専攻する学生へ

「理論負荷性」によれば純粋に客観的な科学理論はない

カンギレムの「科学論」

科学的な正しさと健康の感じかたは一致しない

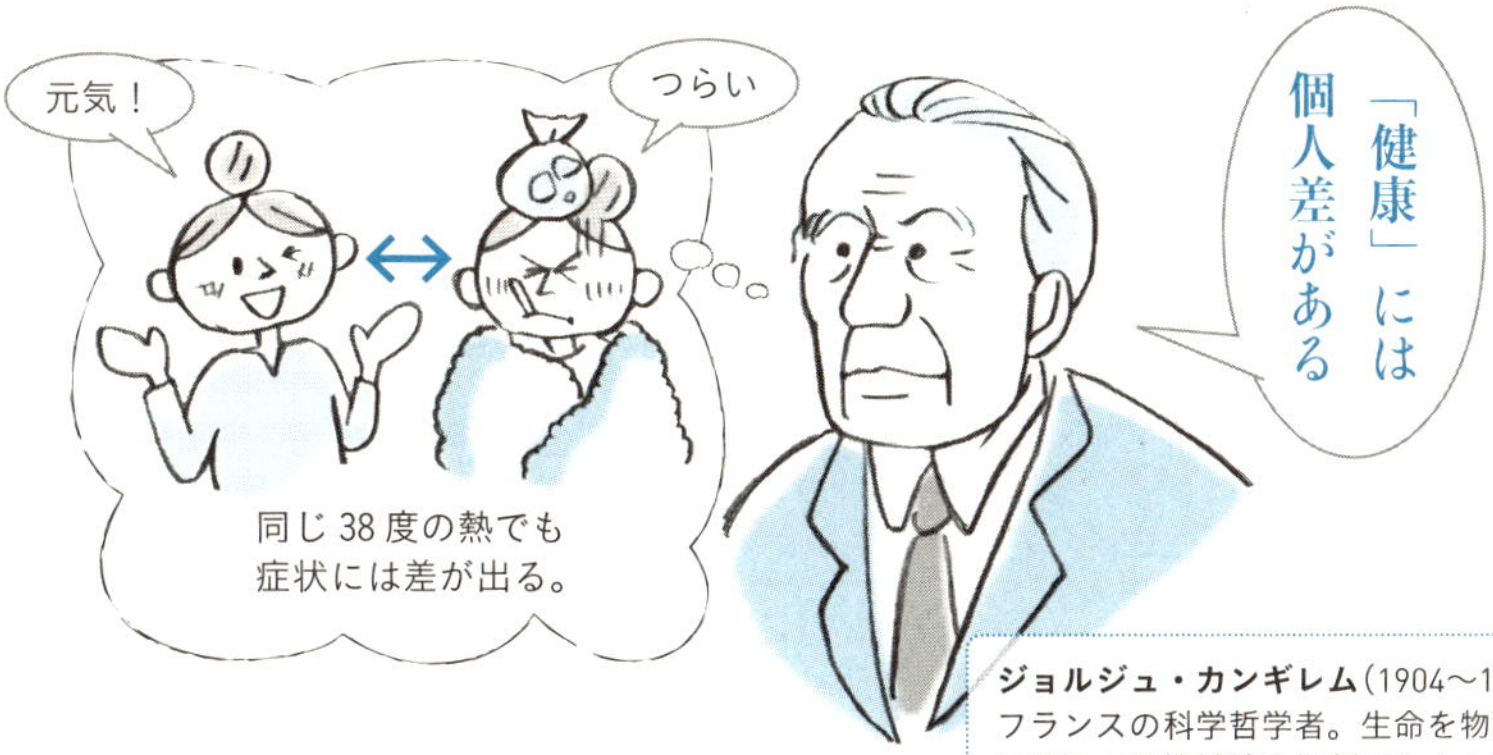

ジョルジュ・カンギレム（1904〜1995）
フランスの科学哲学者。生命を物理的現象に還元する機械論を批判するとともに、正常と異常の概念に疑いを示し、歴史的側面から医学にアプローチを試みた。

「健康」って何？

医学の側面から科学への疑念を提示したのがカンギレムだ。そもそも、健康の基準はどこにあるのだろうか。それは健康を正常な状態とみなす制度的な規範にもとづいた判断にすぎないのではないか。カンギレムは主著『正常と病理』のなかで、そもそも人間の正常と異常とのあいだに客観的な線引きを試みること自体が不可能ではないかと指摘した。

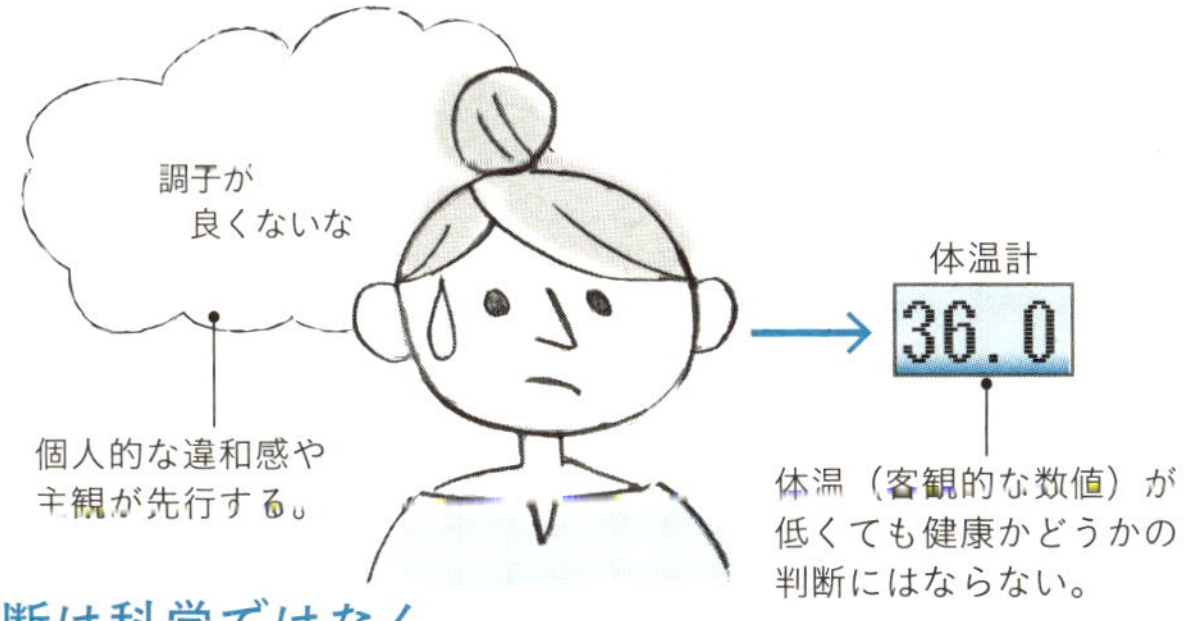

健康の判断は科学ではなく
まずは主観的感覚による

カンギレムは、異常とは、個々の人間が日々の生活を支障なく送るのに困難を覚え、病院へ行って診察を受けて、はじめて顕在化するものだと主張する。つまり、客観的な数値ではなく、環境における個人的な違和感、主観が先行するのだ。逆に、環境のなかで身体が活動しているとき、主観的に何も意識することなく生活できている状態ならば「健康」と呼んでかまわないと言う。

体調が悪そうな友人へ

熱はなくても健康に客観的判断はないから休んだほうがいい

じつは…世界は私の見ている夢なの？

蝶が荘子の夢なのか？
荘子が蝶の夢なのか？

中国の古典『荘子《そうじ》』の斉物論篇《せいぶつろんへん》のなかに「胡蝶の夢」という有名な逸話があります。

ある春の日、うたた寝をした荘子《そうし》は夢のなかで蝶になりました。心の赴くままに野原を飛び続けます。気持ちよさのあまり、自分が人間であることなどすっかり忘れていました。ふと眼が覚めると、自分は紛れもなく荘子です。そこで、果たして自分が夢を見てそのなかで蝶になったのか、それともいまの現実の状態のほうがじつは蝶の見ている夢ではないかという疑問に捉われたというお話です。

この話の末尾で「夢と現実、どちらが真実かは決めがたい」と述べられているところからすると、いずれをも等しく肯定する立場が打ちだされているようです。だとすると、ひょっとしたらいまこの本を読んでいる世界は、自分の見ている夢、あるいは誰かの見ている夢なのでしょうか。

私たちは普通、夢と現実を混同しません。でも、その境界はどれくらい明確なのでしょうか。哲学者のなかには、夢と現実は不可分であると結論づけるひともいるのです。

デカルトの「知覚」

内部感覚は不確かで信用ならない

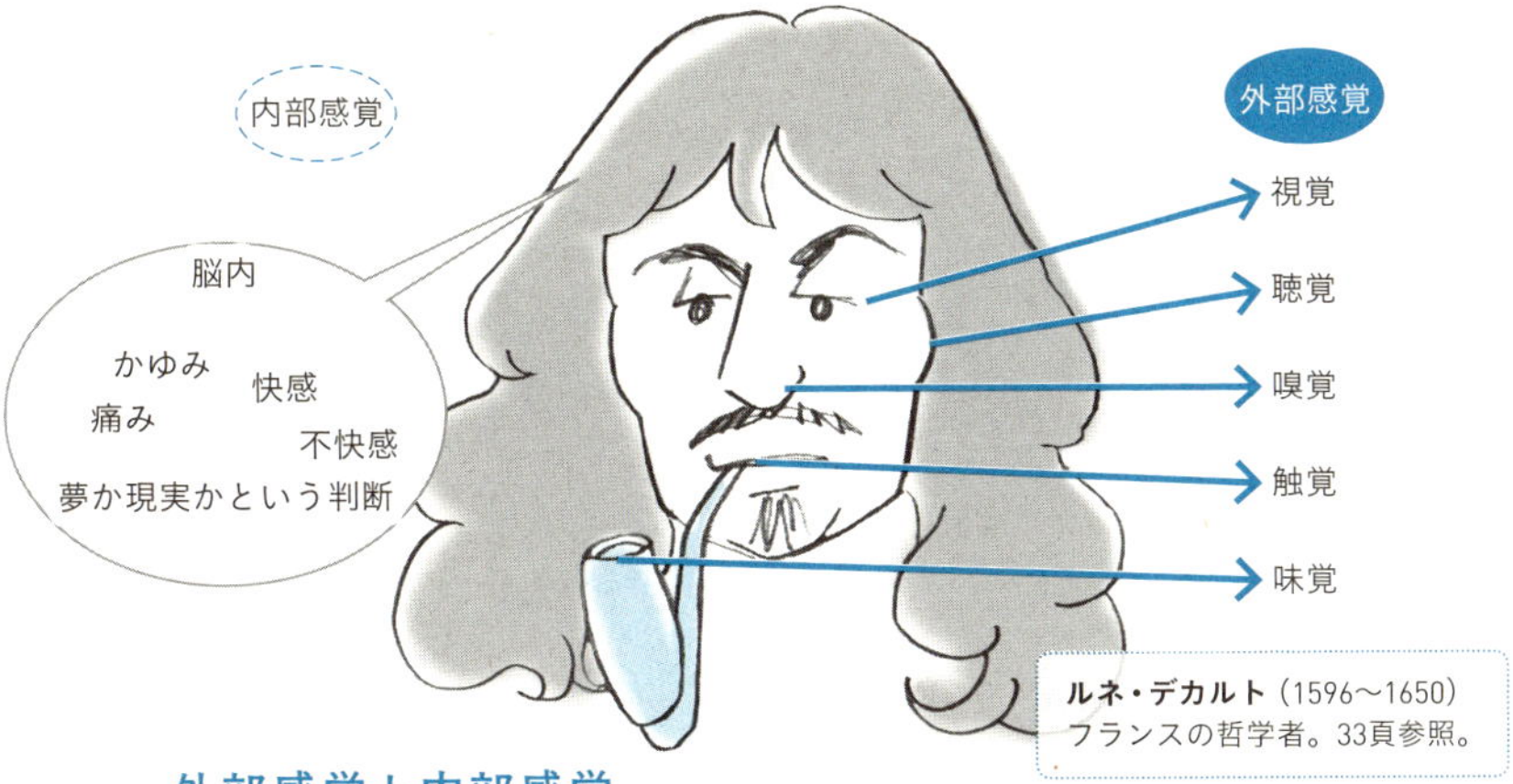
内部感覚
脳内
かゆみ
快感
痛み
不快感
夢か現実かという判断
外部感覚
視覚
聴覚
嗅覚
触覚
味覚

ルネ・デカルト（1596〜1650）
フランスの哲学者。33頁参照。

外部感覚と内部感覚

私たちの感覚はしばしば欺かれる（錯視《さくし》、幻聴《げんちょう》など）。デカルトが不確かな現象を排除し、確実なものを見つけるために「方法的懐疑」（33頁）の手法を採ったことは前述したが、これにはつづきがある。

デカルトは感覚を外部感覚と内部感覚に分けた。前者が普通の意味での五官による感覚だとすると、後者は自分の身体の内的状態（痛みや快感など）の感覚をさす。外部感覚はときに錯誤《さくご》を生むが、自分の内部状態の知覚に錯誤はありえない。痛みをかゆみと錯覚するひとはまずいないだろう。

悪夢
汗
震え
夢のなかでの体験を現実に起こったかのように知覚し反応してしまう。

内部感覚と夢

しかし、そこでデカルトがもちだすのが夢だ。怖い夢を見て眼が覚めたとき、心臓がドキドキしたり脂汗《あぶらあせ》をかいていたりする。夢は虚構にすぎない。にもかかわらず、身体は反応してしまう。ここから、何が現実かを判断する根拠として疑いえないはずの内部感覚も不確かで信用ならないのではないかとデカルトは結論した。

夢見がちな弟へ

内部感覚も不確か。何が現実かなんてわからないよ

ロックの「知覚」

第一性質と第二性質を結びつけて知覚している

ジョン・ロック（1632〜1704）
イギリスの哲学者。29頁参照。

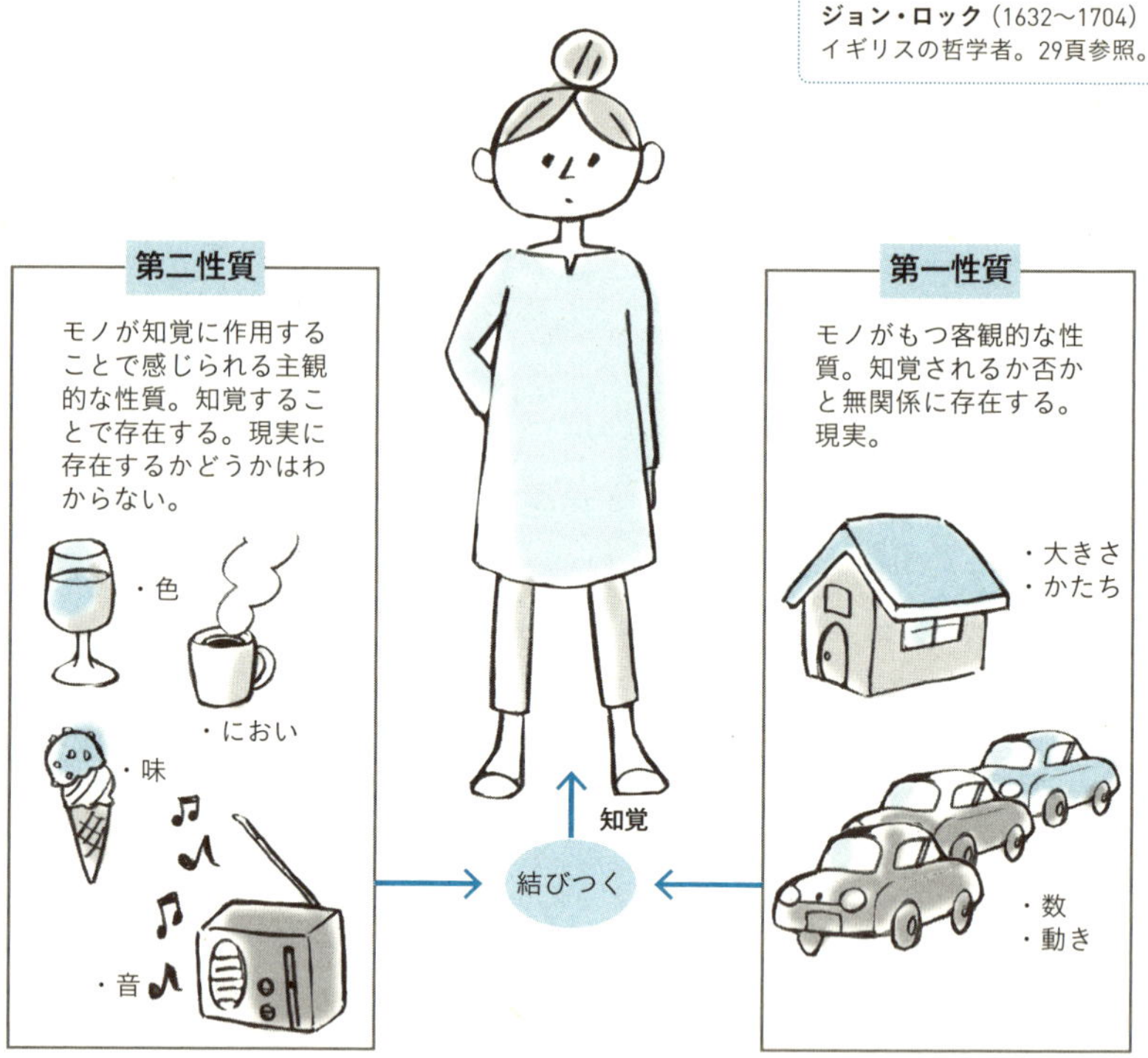

第一性質と第二性質

「世界は私の見ている夢かもしれない」という疑いは、裏返せば「いま私が見ている現実は本物か」という疑いでもある。これは煎じつめれば、「知覚とはいかなるいとなみか」という疑いにまで行きつく。

ロックはこう考えた。私たちは二通りの様態でものを知覚している。1つは誰にとっても同じように知覚される一定の大きさ、かたち、場所、動きなどを伴っているモノ（第一性質）。もう1つは私たちの主観的な感覚（知覚）に左右される色、味、におい、音などのモノ（第二性質）。

ロックは、私たちが知覚するのはあるがままの現実そのものではなく、第一性質としてのモノに各自が感じ取るさまざまな第二性質が結びつけられた姿ではないかと考えた。

現実を見ろと言われたら

客観的な現実だけでなく主観的な感覚も含めて現実なのだ

バークリーの「知覚」

知覚するものこそが世界だ

ジョージ・バークリー（1685〜1753）
アイルランドの聖職者。机を叩いて「硬い」と思っても、それは知覚として「硬さ」を認識しているだけで、「机自体」を認識したものではない…というように、物質を否定し、知覚する精神と、神のみを実体と認めた。主著は『視覚新論』『人知原理論』。

知覚されるのは観念だ

ロック（29頁）の第二性質をめぐる議論を徹底するなら、私たちが知りうるのは「観念として心にあらわれるイメージ」だけだということになるのではないかと考えたのがバークリーだ。バークリーの言う観念とは、知覚される色やかたち、心にわく感情など、記憶と想像力込みで再現されるいっさいの総称だ。それらを知覚して、それをものの観念として構成するのが心のはたらきであるとバークリーは主張した。

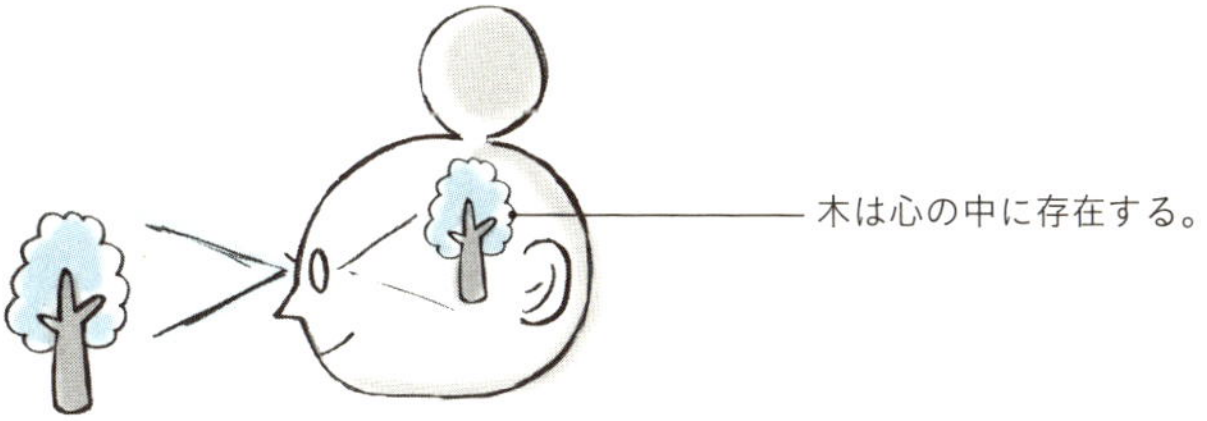

存在するとは知覚されてあることだ

ここからバークリーは「存在するとは知覚されてあることだ」という結論を引きだす。バークリーに言わせれば、かたちも大きさも一定のものではなく、見かたに応じて変化する。つまりロックの第一性質も心のなかで形成された観念だ。こうして、バークリーによるなら世界が私の見ている夢かどうかではなく、私が知覚しているものこそが世界そのものだということになる。しかし、誰にも知覚されないものは存在していないのかという問いが生まれる。これに対してバークリーは誰も知覚していないものでも、神が知覚しているため存在するとした。

現実かどうかの判断に

私が知覚しているものが世界なのだ

column

倫理と道徳は別のもの？

日本語には、倫理と並んで道徳という言葉があります。意味の違いなど話題になることはまずありません。哲学の専門用語は、明治維新のおりに西洋から訳されたものですが、ほとんどが中国語を下敷きとした和製漢語です。倫理は英語のエシック（ethics）に、道徳は同じくモラル（moral）にあてられた訳語です。

倫理という言葉から見てみましょう。この英語は、ギリシャ語の「エティケー（Ηθική）」に由来します。エティケーは「エートス（感受性）の研究」という意味をもつ言葉です。日本は四方を海に囲まれた島国ですから理解しにくいでしょうが、陸続きの国々では一山越えれば別の民族が暮らしています。言語や習慣、文化の異なる他民族のエートスを知ることは、たがいに共存してゆくうえで死活問題でした。さらに、異文化の価値観を知るという行為は、あわせ鏡として自分たちの感受性の特殊性を教えてくれます。そこからよりよい感性、より望ましい人間像は何かという探求へと通じてゆきます。こうして倫理学は成立しました。

さて、多くの学問の源流は古代ギリシャですが、その伝統はローマ帝国へと引きつがれます。ギリシャ語の「エティケー」はラテン語で「フィロソフィア・モラーリス（Philosophia moralis）」と訳されました。モラーリスはラテン語で感受性を意味する「モス（mos）」に由来します（フィロソフィアは学問一般をさす語）。つまり、ギリシャ語由来の単語が現在の英語のエシック、ラテン語由来の単語がモラルというわけです。両者に語源的な意味の違いはありません。だからこれまで哲学者たちはそれぞれに固有の意味をこめて、この2語を自由に使い分けています。

大哲学者でも意見が分かれるということは、
どの捉えかたでも間違いではないということ。

7章

神と芸術を考える

神の存在や芸術、思考の方法論など、眼には見えないものや事柄も探求する姿勢からは、哲学という学問の幅広さがうかがえる。

「神」って本当にいるの？

「神はいる」。そう強く言われても
証拠はあるんだろうか……

神とは何か。定義のきわめて難しい問題ですが、ここではざっくりと、神とはこの世界を超えたところにいるとされる不可視の存在であり、私たちを超越した至高の存在のことだとしておきます。そのような神の存在を無条件に信じるのが宗教だということになります。そうした存在を信じる信じないは主観の問題であって、個人の自由としか言えません。それでは、客観的に神（不可視で超越的な存在）がいると証明することは可能なのでしょうか。

「ないことの証明」は、「悪魔の証明」とも言われることからも想像がつくように、一件でも事実確認ができれば証明ずみになる「あることの証明」に比べて、とても困難です。ですから、多くの哲学者たちは神については「不可知《ふかち》論」の立場を採ります。

たとえば、日本では古来より「八百万《やおよろず》の神」という言いかたがあるように、万物の背後に神の存在を感じる感性がありました。一神教以外の世界では、神の存在証明などははじめから問題にもならないのかもしれません。

アンセルムスの「神」

神は完全な存在だから実在する

神とは「完全な存在である」という概念がまずあり、だからこそ実在もすると考えている。この存在証明は、神の概念に矛盾しないようにとってつけたものにすぎない。

神とはそれよりも偉大なものが考えられない何かである。
頭のなかだけでなく、実在するもののほうが偉大だ。よって神は存在する！

アンセルムス（1033〜1109）
中世イングランド教会の長でカンタベリー大司教。学術的に神を把握しようとした最初の人物で、信仰と理性との統一をめざそうとした「スコラ哲学」の創始者と目される。

神の存在証明に必死になったスコラ哲学

宗教においては、神の存在は自明事だ。だがキリスト教西洋では、中世になり、理性によって神の存在を論証しようとする「スコラ哲学」が生まれる。その口火を切ったのがアンセルムスだ。

アンセルムスが試みたのが神の存在論的証明（本体論的証明）だが、煎じつめれば「存在しないと困るから存在する」という詭弁ではないか、との批判もある。

存在論的証明（本体論的証明）	神とは定義上完全な存在で、実在しなければ完全性がそこなわれるから、神は存在する。
目的論的証明	世界が規則的なのは、神が世界をつくったからだ。
宇宙論的証明	万事には起源があり、その起源こそが神だ。
道徳論的証明	「道徳に従うと幸福になる」を納得するためには、神の存在が必要だ。

カントによる神の存在証明

カントの分類によれば、神の存在証明には他にも目的論的証明や宇宙論的証明もあるが、いずれも証明とはいえない。カント自身が挙げた道徳論的証明にしても、厳密には「そうであってほしい」という要請にすぎない。

神の存在を語るとき

神の存在を論証するのは難しい。道徳的にも要請にすぎないからだ

フォイエルバッハの「神」

人間が神をつくりだしたのだ

ルートヴィヒ・アンドレアス・フォイエルバッハ（1804～1872）
ドイツの哲学者。「ひとを疎外している」と師ヘーゲルに反発、「神が人間をつくったのではなく、人間が神をつくった」と主張し、マルクスに影響を与えた。

神とは人間自身のこと？

これまで神について言われてきたすべてのことは、人間が知りえた人間に関することなのではないか。こういう問いを投げかけた最初の哲学者が、フォイエルバッハだった。

つまり神の本質とは、人間の「類的本質《るいてきほんしつ》(※)」を投影してつくりだされた所産なのだ。現実的で身体的な個々の人間という制限から切りはなされて、崇拝の対象として構成されたいわば理想的人間像が神だというわけだ。

人間の願望の姿＝神

フォイエルバッハによれば、人間はこうあるべきだ、もしくはこうであってほしいと願う姿を実体化して、それを私たちは神と呼んできたことになる。

神が天地を創造し、人類を創造したわけではなく、人類こそが神をつくりだしてしまったとフォイエルバッハは考えた。まさに逆転の発想であった。

神の存在を語るとき

神を通して人間の本質を見ているのだ

※：人類全体に共通な特徴のこと。

ニーチェの「神」

神は死んだ

弱者がプライドを保つために捏造したのが神

「神は人間の願望の産物」だというフォイエルバッハの洞察を、さらに徹底的に掘り下げたのが、「神は死んだ」という宣告で有名なニーチェだ。ニーチェが死を宣告したのは、フォイエルバッハの指摘したキリスト教の神だけではない。現実の背後にあると想定される、超越的な世界によって現状を理解しようとする発想すべてをニーチェは「死んだ」と表現したのだ。

なぜなら超越的な世界は、強者にルサンチマン（恨み）を抱いた弱者がプライドを保つために捏造した世界だと考えたから。そして、その捏造をごまかすために生みだされたのが神であり、プラトン（25頁）の「イデア」だとニーチェは喝破した。また現実に、古代のキリスト教は奴隷＝弱者のための宗教であった。

フリードリヒ・ニーチェ（1844〜1900）
ドイツの哲学者。58頁参照。

無の思想としてのニヒリズム

「神は死んだ」以上、神に依存して通用していたそれまでのあらゆる価値は無効になる。いっさいの価値の無根拠性を説くこの思想がニヒリズムだ。

ニーチェは、自分たちの行動規範や価値判断の根拠として超越的な何かを求めようとする弱い人間たちに、そもそもそんなものははじめから存在しないのだと言いきる強さが必要だと説いたのだ。

何かにすがりたくなったら

超越的な存在なんていないのだ

「芸術」って何？

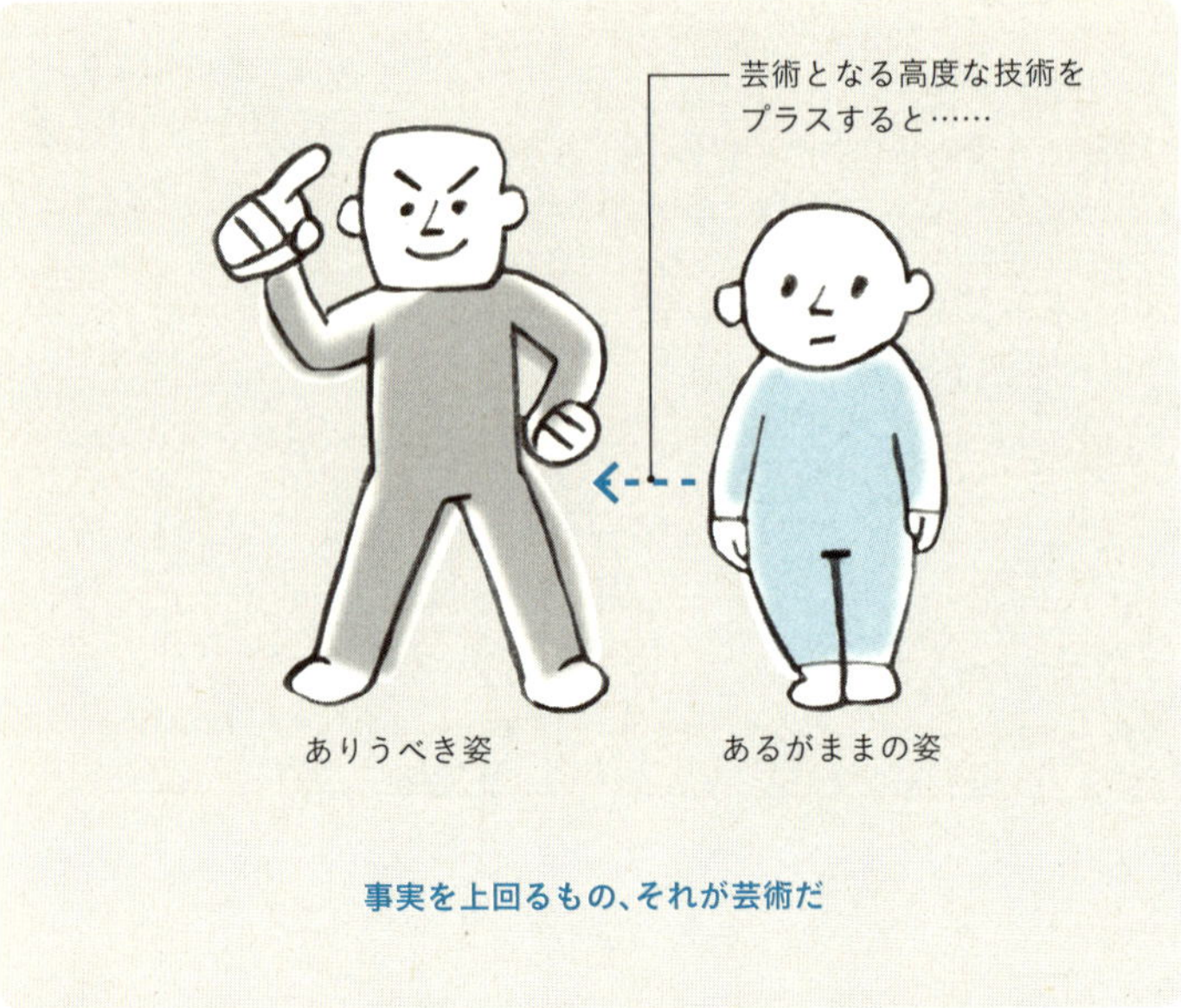
芸術となる高度な技術を
プラスすると……
ありうべき姿
あるがままの姿
事実を上回るもの、それが芸術だ

芸術の起源はホモ・サピエンス誕生の時代にまで遡ります。たとえば、ラスコーに代表される洞窟《どうくつ》画は、そのころの状況を伝えてくれる貴重な資料です。また、古代ギリシャの時代になると、芸術創作の意味を自然の模倣（ミメーシス）に求める発想が登場します。

これに独自の意味を込めて、独創的な芸術論を展開したのがアリストテレス（61頁）です。ギリシャ語のミメーシスは、普通は「模倣」と訳されますが、アリストテレスは著書『詩学』のなかで、芸術におけるミメーシスとはたんに「あるがままの自然の再現」ではなく、「ありうべき自然の姿」を写しだすための、高度な技巧だと主張します。

同じ観点からアリストテレスは、あるがまま、あったがままの出来事を再現する歴史《ヒストリー》よりも、ありうる、もしくはありうべき物語《ヒストリー》を語りだすいとなみとしてのギリシャ悲劇をより高く評価しました。アリストテレスが『詩学』のなかで展開した芸術論に題材をとった有名な物語が、映画にもなったウンベルト・エーコの『薔薇《ばら》の名前』です。

カントの「芸術」

芸術における美とは調和である

感性と想像力が調和したとき美を感じる。そのときに認識を司る悟性は必要ない。
美しいと感じるモノ

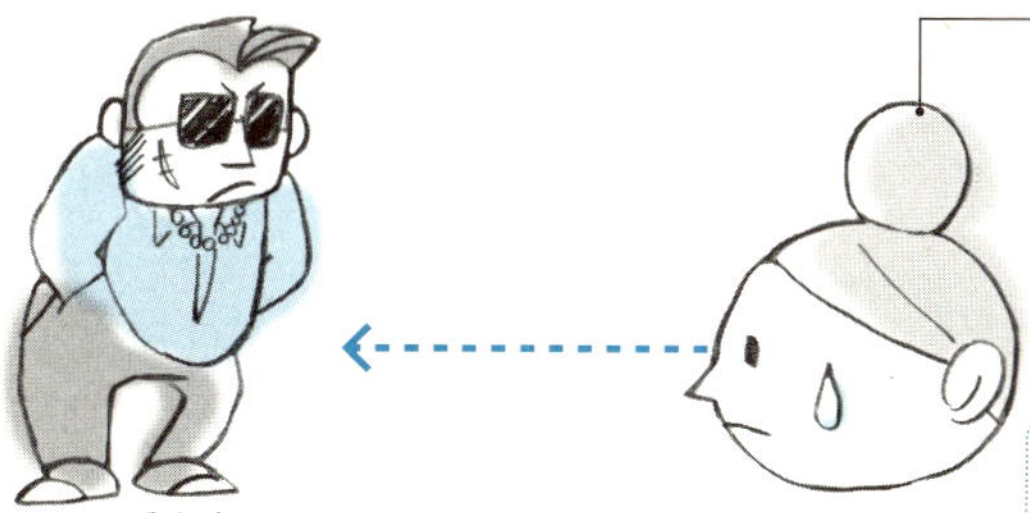
感性と想像力の調和なしでは美を感じられない。
それなりのモノ

イマヌエル・カント（1724〜1804）
プロイセンの哲学者。79頁参照。

美は調和だ

一般に、私たちは芸術作品を見ると、その美しさに感動する。芸術における美の意味を追求したのがカントで、その見解は彼の著作『判断力批判』で展開されている。

カントは、美とは「ある種の調和が生みだす感情」ではないかと考えた。調和とは複数のもののあいだに成り立つ関係だ。カントは、私たちの心のはたらきである感性と想像力とのあいだに「調和」が生まれたとき、それが美と感じられるのではないかと考えた。

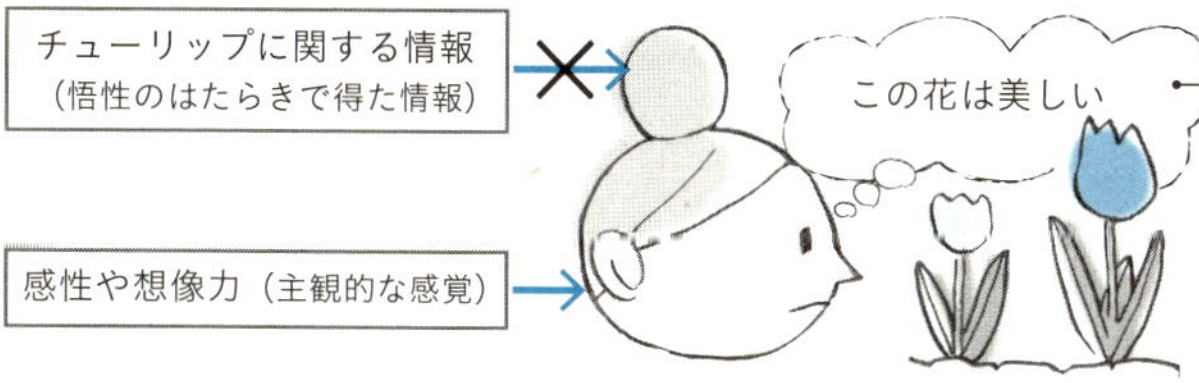
チューリップに関する情報
（悟性のはたらきで得た情報）
感性や想像力（主観的な感覚）
この花は美しい
悟性で得られる情報とは関係なしに美を認識する。

芸術に悟性はかかわらない

外界を認識するときには感性と悟性が協働するとカントは考えた（124頁）が、美を感じるとき、悟性は関与しないとカントは主張する。つまり、美は対象が何であるかを知らなくても感じられるのだ。

実際、私たちは名も知らぬ路傍《ろぼう》の花に美しさを感じたりすることがあるが、その際その花がどういう種類のものか、どんな名前なのかなどという知識や情報とは、無関係に美を感じている。

芸術を解説したがるおじさんに

芸術を美しいと思うのに知識なんていらない

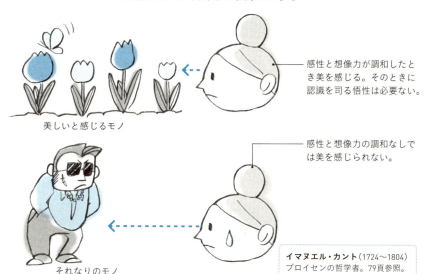

ショーペンハウアーの「芸術」

心と身体を落ち着けてくれるもの

アルトゥル・ショーペンハウアー
(1788〜1860)
ドイツの哲学者。69頁参照。

世界には意志がひしめいている

ショーペンハウアーの考えでは、意志の根本は非合理的で盲目的な衝動だ（69頁）。そうした衝動の担い手としての身体的存在、つまり人間が無数にひしめきあい、ぶつかりあっているのが世界の実像だ。

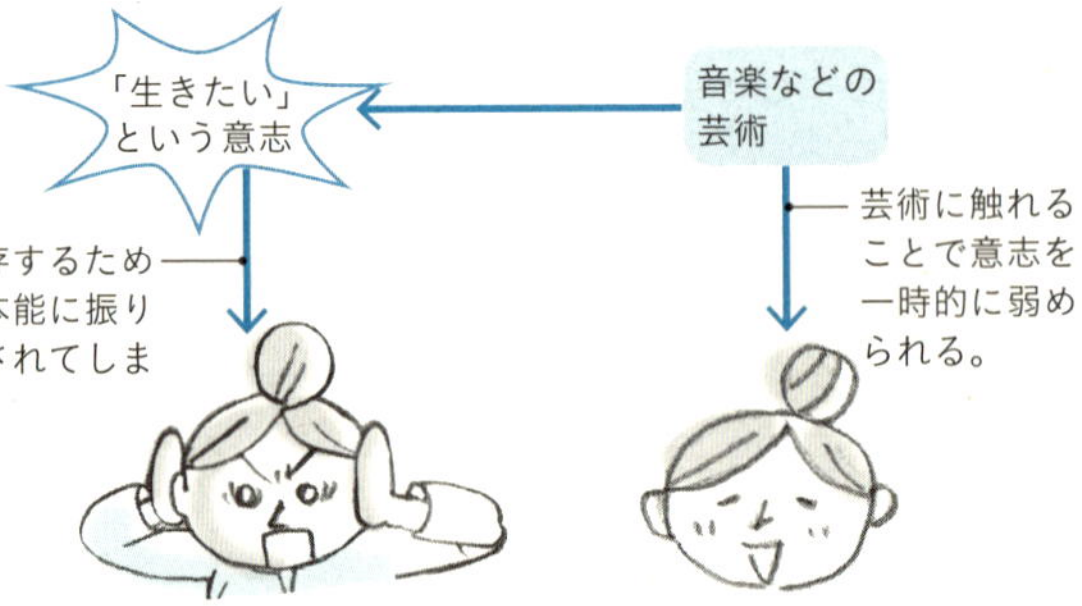

芸術とは意志の衝動から救ってくれるもの

意志の衝動に振り回されている隷従《れいじゅう》状態から私たちを救いあげる可能性の1つとして、ショーペンハウアーは音楽に代表される芸術を重視した。ショーペンハウアーにとって、芸術の一番の効用は精神と身体に対する鎮静効果にあった。この時点でショーペンハウアーが知りえた芸術が、20世紀以前の古典的な骨格をそなえたものであった点は考慮されてしかるべきだろう。現代音楽を聴いたら彼はどう感じただろうか。

芸術の効用を聞かれたら

芸術に触れて心も身体も安らぐ

ディッキーの「芸術」

アートワールドから認められた人工物のこと

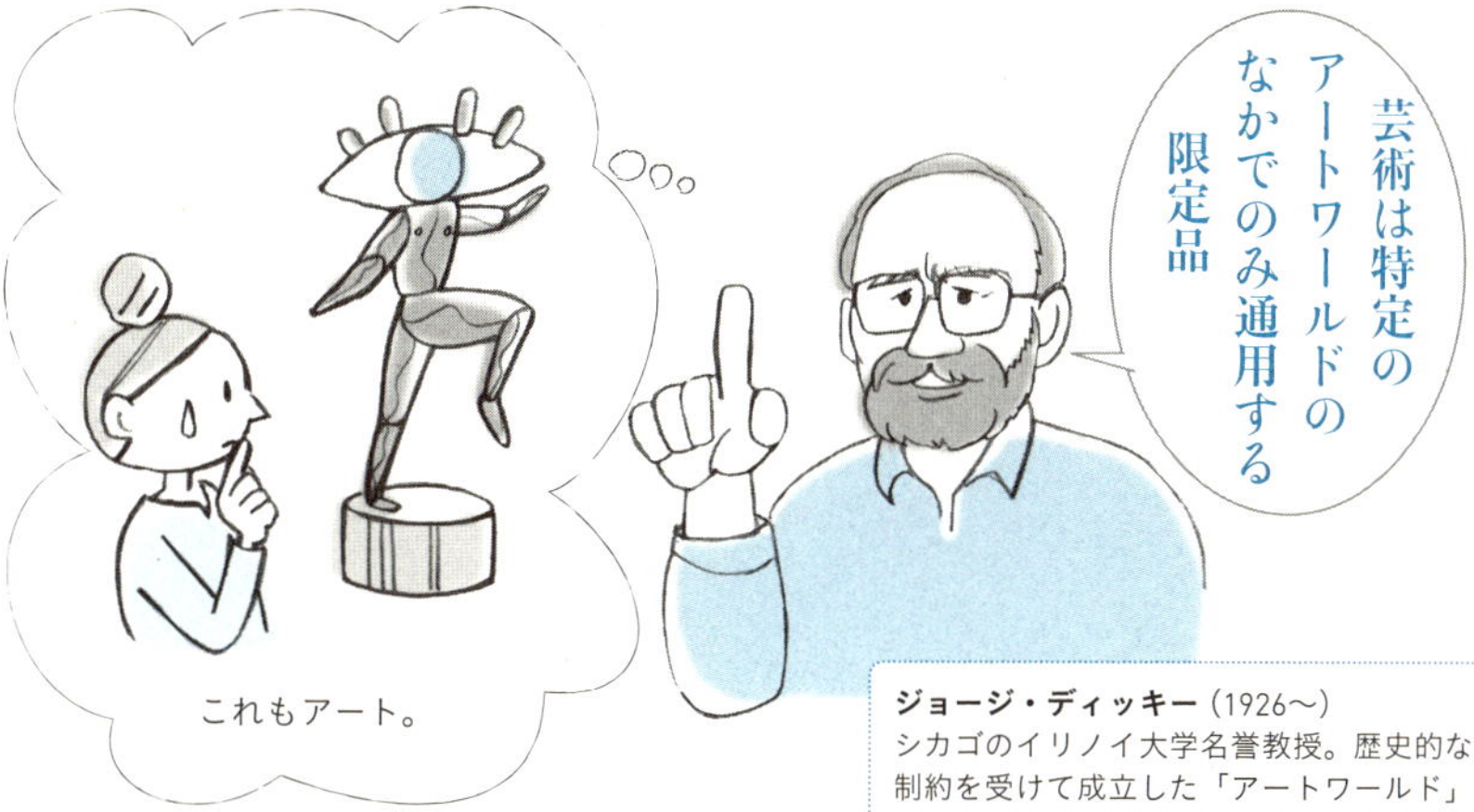
これもアート。
芸術は特定のアートワールドのなかでのみ通用する限定品

ジョージ・ディッキー（1926〜）
シカゴのイリノイ大学名誉教授。歴史的な制約を受けて成立した「アートワールド」にもとづく芸術の定義を制度とみなす「制度理論」によって作品を見直そうと試みた。

芸術の定義の試み

これまでさまざまな領域でさまざまに芸術の定義が試みられてきた。自然の模倣や再現、人間の内面のイデオロギーの表出、等々。その大半は、新たな芸術スタイルが登場するたびに葬られていった。

20世紀以降になると、もはや芸術作品に特定の思想や定義を探す試みは断念され、かわって芸術作品の創造を取り巻く環境に眼が向けられるようになる。

アートワールドと制度理論

芸術の環境に注目した試みの1つに、ディッキーが提起した「制度理論」がある。この理論はアメリカの美術評論家アーサー・ダントー（1924〜2013）が提唱した、「アートワールド(※)」の存在を前提としている。ディッキーは現代ではアートワールドが社会制度として機能していると言う。

現代の芸術作品の条件とは、第一に「人工物」であること、第二にアートワールドから認定されたものであること。芸術が特権的に権威を獲得することは不可能で、いわばさまざまな種類のアートがばらばらに存在し、ばらばらに制度化され、認知されているにすぎないのが現実だ。

○○をテーマに描きました
配色は××を意識している？

芸術を取り巻くひとによってできあがる文化集団をアートワールドと呼んだ。

芸術の定義を求められたら

人工物でアートワールドに認定されたもの

※：芸術家、批評家、鑑賞者、画廊など芸術にかかわりをもつ人びとによってできあがる文化集団。

「考える」ためにはどうすればいいの？

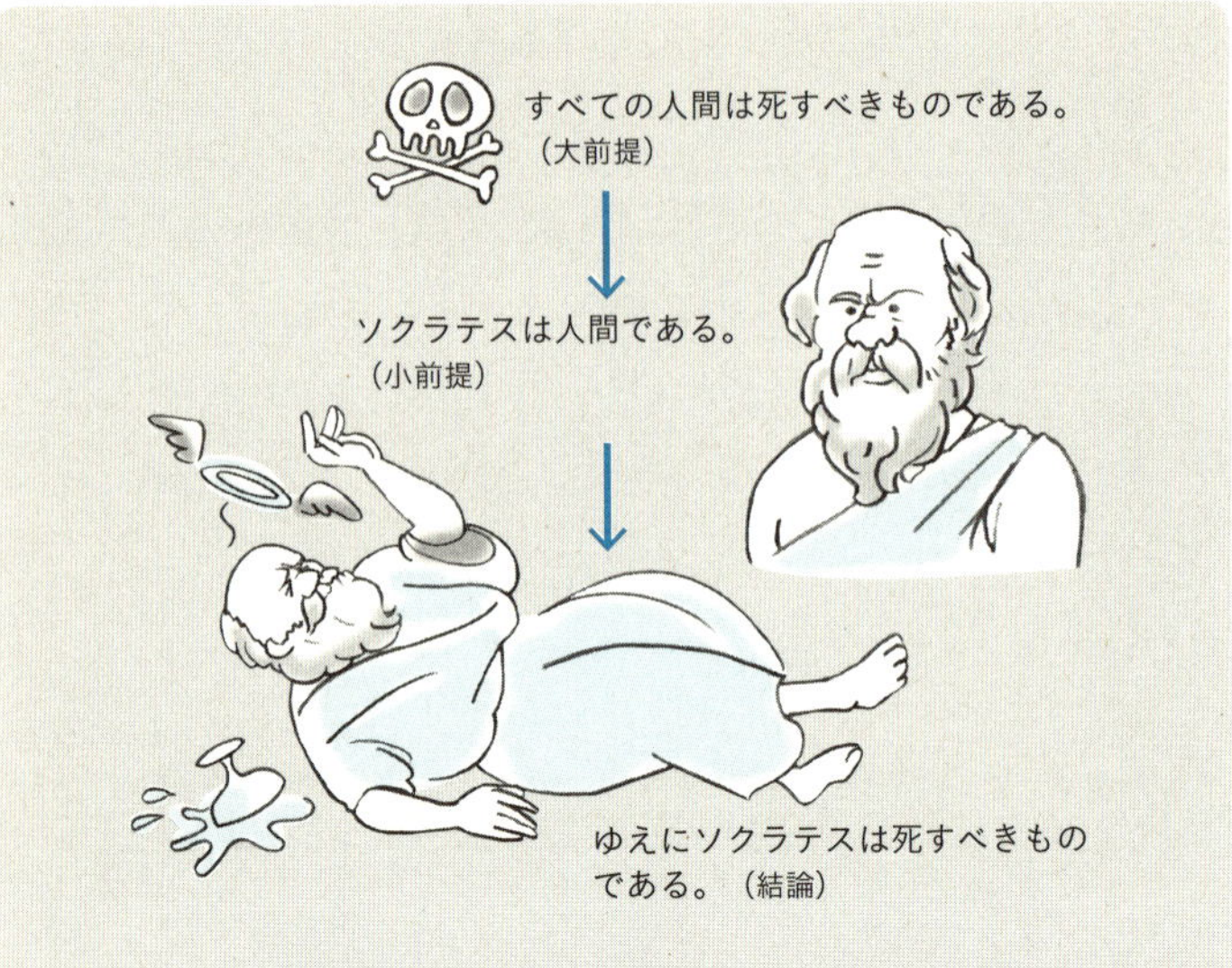
すべての人間は死すべきものである。
（大前提）
ソクラテスは人間である。
（小前提）
ゆえにソクラテスは死すべきもの
である。（結論）

普遍的な法則と個別の事実から結論を導きだす

考えるという行為には、「何を考えるか」と「どのように考えるか」の二面が区別できます。「何を考えるか」は各人の問題ですから、ご随意《ずいい》にとしか言えません。後者の「どのように考えるか」は、考えかたを扱う方法論の問題ということになります。

論理学の基礎をつくったアリストテレスは、『オルガノン』のなかで合理的な推論の方法の一つとして「三段論法（演繹《えんえき》法）」を提唱しました。これは、大前提（普遍的な法則）と小前提（個別の事実）から、結論を導きだすというものです。

『AはBである。↓BはCである。↓よってAはCである』というわけです。

この考えかたを用いれば、直接的には関係しないAとCを、いずれとも関連性のあるBを媒介に用いることで論理的に結びつけられます。いまでは、こうした古典論理学に対して、その不備を補った記号論理学（7頁）という新たな論理学が用いられています。

ベーコンの「思考」

イドラを取り除いて帰納法で理論を構築

権威の
ある学説
錯覚
感覚
与件
偏見
悪いウワサ
人間が思考する際の材料となる
感覚与件は、偏見などの
イドラによって毒されている。
人間は思い込みがつきもの。演繹法による思考では偽が導き出されてしまう

フランシス・ベーコン（1561〜1626）
イギリスの哲学者。『ノヴム・オルガヌム』で人間の偏見、先入観などの誤りをイドラとして指摘し、現実の観察や実験を重んじる「帰納法」を主張した。

素材とイドラ

何を考えるのにも素材が必要だ。素材は感覚を通して外部から与えられる（感覚与件）。

しかし、偏見などの誤った先入観があると素材を正しく受け取れず、正しい思考は不可能になる。この思い込みや偏見を、ベーコンは「イドラ（幻像）」と呼び、4つに分けた。まず、人間や猿といった類ないし種に固有の種のイドラ。つぎに、育った環境・教育などによって生じる洞窟のイドラ。第三に、言葉の誤った使用から生まれる市場のイドラ。最後が、権威や伝統を無批判に鵜呑みにすることからつくられる劇場のイドラだ。

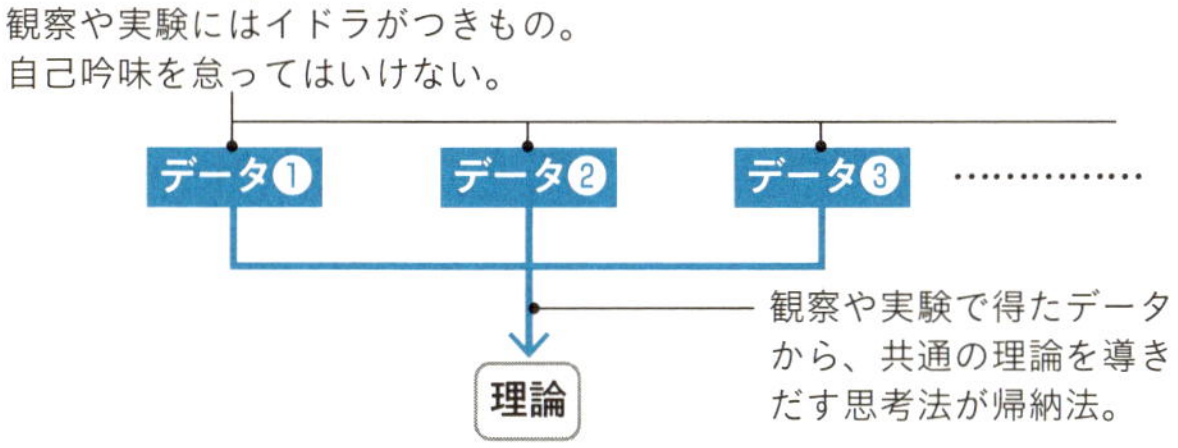
観察や実験にはイドラがつきもの。
自己吟味を怠ってはいけない。
データ❶
データ❷
データ❸
理論
観察や実験で得たデータから、共通の理論を導きだす思考法が帰納法。

イドラに毒されないよう自己吟味するべき

とはいえ、あらゆるイドラを除去することなどできる話ではない。肝要なことは、何を考える場合でも、思考がなんらかのイドラに毒されてはいないかという自己吟味を怠らないことだ。

人間にとってイドラは避けがたいもの。そのためベーコンは、観察や実験から得られるデータをもとに理論を構築する帰納法を科学における理論構成の要として推奨した。

偏見でものを見がちな娘へ

イドラをなくして観察や実験から知識を得よう

パースの「思考」

アブダクションで発想の転換や飛躍を可能に

推論法	方法	特徴
 演繹法 アリストテレス	仮定A=Bと規則B=Cから結論A=Cを導く。仮定が真であれば結論も真。	一般的な原理から結論を導きだす、段階的で分析的な性格。
 帰納法 ベーコン	仮定A=Bと結論A=Cのいくつかの事例を観察した結果として規則B=Cを推論する。規則B=Cが真であることは保証されない。	観察や実験で得られたさまざまな推論的事実から共通項(原理)を探る拡張的な傾向をもつ。ただし、どこまでデータを集めれば原理が確定できるかの線引きが難しい。
 アブダクション パース	結論A=Cに規則B=Cを当てはめて仮定A=Bを推論する。仮定A=Bが真であることは保証されない。	結論を想定して仮説を推論する。何を仮説とするかは発想力が必要となる。

第3の推論形式の登場

19世紀を代表する論理学者パースは、従来の「演繹法」と「帰納法」とに分類される推論の形式に、「アブダクション」という第3種を導入した。

アブダクションは、いったん仮説的に結論を想定する。そのうえであらためて帰納の過程を見直すことで、たんなる帰納からは出てきそうもない発想の転換や飛躍を可能にしようという企てだ。

パースの表現を借りるなら、従来の2つの推論が「論証の論理学」だとするなら、アブダクションは「探求の論理学」だと特徴づけることもできるだろう。

画期的な商品を開発している後輩へ

アブダクションで発想の転換をしてみよう

チャールズ・サンダース・パース（1839〜1914）
アメリカの哲学者、論理学者であり、プラグマティズムの創始者。死後評価が高まり、現在著作集は予定された全30巻のうち、7巻までが出版されている。

ヘーゲルの「思考」

弁証法でよりよい認識を生み出す

弁証法が
発展的な認識を
可能にする

ゲオルク・ヴィルヘルム・フリードリヒ・ヘーゲル
(1770〜1831)
ドイツの哲学者。113頁参照。

矛盾は弁証法的に解消される

ヘーゲルは、「同一性と非同一性の同一性」というひどく矛盾めいた主張をする。

言うまでもなく、非同一性が非同一性なのは、同一性ではないからだ。その場合、非同一的なものは、他者と同じものをいっさいもたないはずだ。その結果、このものの周りにはそれ自身しか存在しないため、自己同一的であることになる。これは矛盾だ。

他方、同一性は同一性であるために、非同一性では「ない」という否定を含むことになる。

このように、いずれもがそれぞれ自身の逆に転化してしまうことがあるとヘーゲルは言う。すべてのものは自身のうちに矛盾を含んでおり、それによって必然的におのれと対立するものを生みだしてしまうのだ。

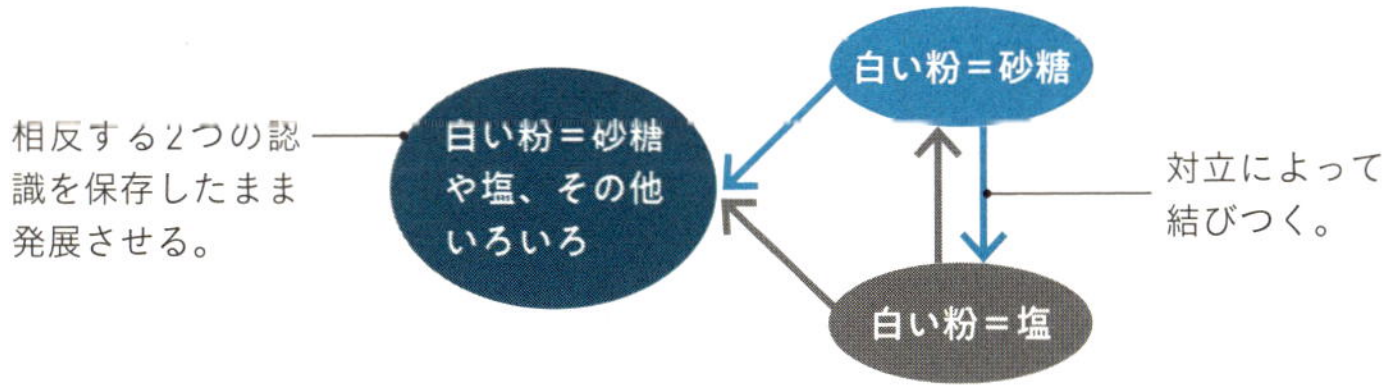
白い粉＝砂糖
相反する2つの認識を保存したまま発展させる。
白い粉＝砂糖や塩、その他いろいろ
対立によって結びつく。
白い粉＝塩

矛盾を内包したまま発展させる弁証法

こうした事態をヘーゲルは弁証法として定式化した。たとえば子どもは飲みものに砂糖をいれて飲む。つまり、白い粉＝砂糖だ。ところがあるとき、たまたま手に取った白い粉を入れたら、しょっぱい味がした。つまり、白い粉＝塩というそれまでの理解を否定する事態に遭遇したわけだ。この結果、白い粉は1つしかないわけではなく、砂糖や塩、その他いろいろなものでありうるというカテゴリー化を子どもは学んでゆく。

この過程で最初の認識はいったん否定されるが、最終的には途中の2つの認識のいずれもがそれまでとは違った観点で正しさを保証されるようになる。こうしたいわばらせん状の認識過程が弁証法だ。

意見がぶつかったら

相反することを積極的に受け入れてよりよい結論を探そう

哲学をどう考える？

自然現象を探求する姿勢は
学問全般の研究スタイルの起源にもなった

哲学（フィロソフィアPhilosophia）は、いまでこそ独立した学問として世界中で教えられ研究もされていますが、もともとはもっと広く、学問一般をさす用語として流通していました（142頁）。文学、法学、政治学などの人文科学や社会科学はもちろん、自然科学も含めていっさいの探求が、昔は「哲学」だったのです。

いまも昔も自然の威力は恐るべき脅《きょう》威《い》です。そこから古代にはさまざまな文明圏で、自然の力の背後に神々を想定する「神話」的思考が生まれました。

しかし、自然現象それ自体は眼に見えるできごとです。ですから、眼に見える力の原因を眼に見えない神に求めねばならないいわれはありません。そこから、自然の力の源を眼に見える自然の次元で探求しようとする「哲学」が、紀元前6世紀ごろのギリシャで誕生しました。

ギリシャ哲学に見られる自然観察の姿勢は、いまから見ればあまりに素朴なものではありますが、今日の学問全般の研究方法の起源ともなったのです。

ソクラテスの「哲学」

知を愛すること

ソクラテス（前470ごろ〜前399）
ギリシャの哲学者。39頁参照。

哲学者＝知を愛する者

ソクラテスは、弁論家として当時有名だったソフィスト（弁論家）たちとたびたび問答を交わした。その際、ソクラテスはしばしば自分は「フィロソフォス（哲学者）」だと名乗っていた。語源的には、哲学（フィロソフィア）とは知（ソフィア）を愛する（フィレイン）ことを意味する。だからフィロソフォスも文字どおりには「知を愛する者」を意味する。

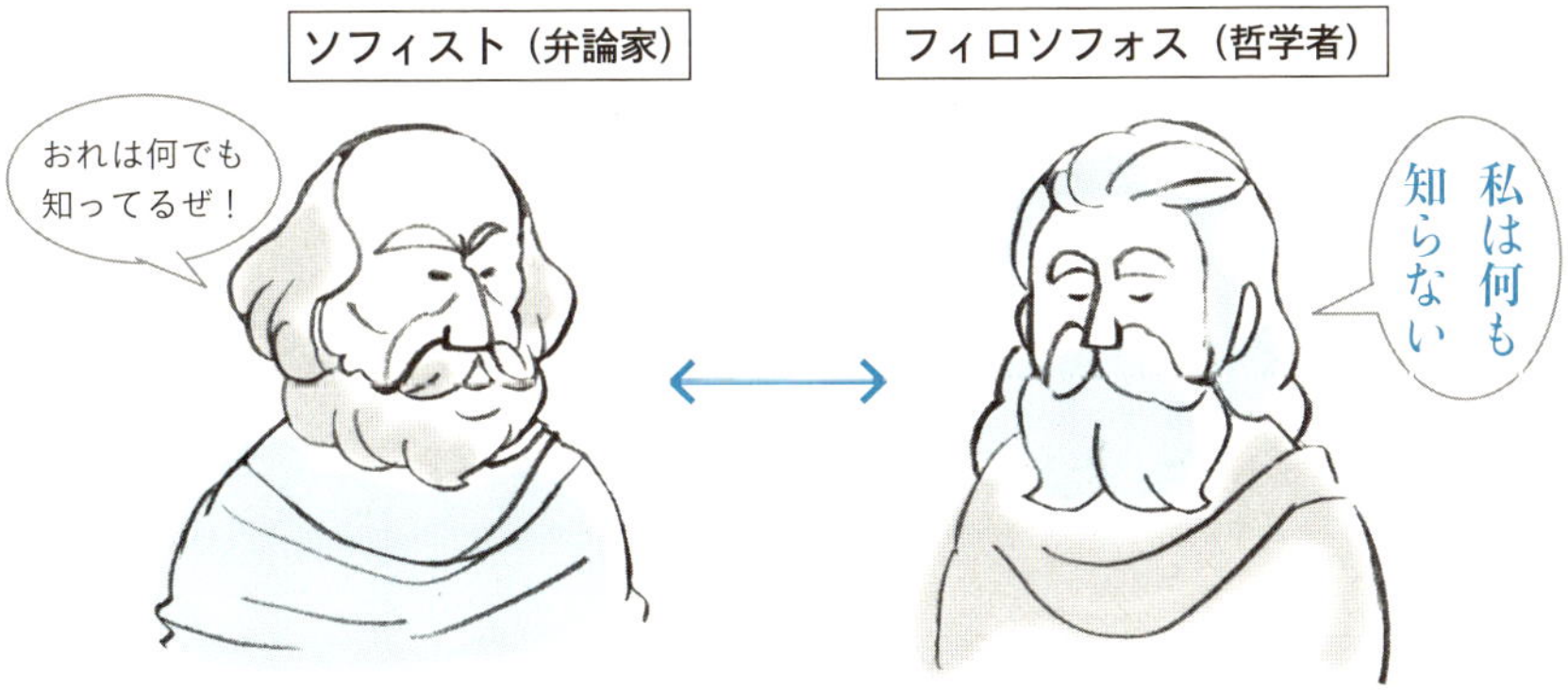

「知らないということを知っている」

ソクラテスはソフィストたちに奇妙なことを言いだす。何かを愛するとき、愛する者はまだ自分の求める対象を得ていない。だからこそ欲してやまないのだ。

そう考えると、知を愛する自分もまだ求める対象である知を得ていないことになる。だから、知を愛する自分すなわち「フィロソフォス」は「無知なる者」だというわけだ（無知の知）。これは問答において不敗の位置を確保する策略としての「イロニー（皮肉）」だという解釈もある。

無敵のひとになりたいという友人へ

無知の知のポジションを得ることだ

ベーコンの「哲学」

生活改善の実効力をもった学問であるべき

フランシス・ベーコン（1561〜1626）
イギリスの哲学者。153頁参照。

三段論法は机上の空論

ルネサンス期に活躍したベーコンの主著は『ノヴム・オルガヌム』と題されている。これは直訳すると「新しい道具」という意味だ。

アリストテレス（61頁）の哲学が中世以来、学問研究の道具（オルガン）としてとても重視されていた。しかし、ベーコンに言わせれば、アリストテレスの提唱した「三段論法（演繹法とも、152頁）」など、実験や観察の伴わない前提をもとに組み立てられた机上の空論、詭弁にすぎない。

大事なのは現実であり、事実！

知は力なり

発明や発見の相次ぐルネサンス期にあって、「新しい道具」として何よりも必要なのは、私たちの生活を改善する実効力をもった学問だとベーコンは考えた。そのためには、実験や観察にもとづいた自然の研究と解明こそがもっとも優先されるべきテーマだというのがベーコンの実感だった。それを表明した「知は力なり」という有名なスローガンは現在も生きている。

机上の空論を唱える同僚へ

「知は力なり」。事実の検証なしには何の知識も得られない

メルロ＝ポンティの「哲学」

超越的なものを除外して考え直すべき

モーリス・メルロ=ポンティ（1908〜1961）
フランスの哲学者。34頁参照。

哲学は死んだ

メルロ＝ポンティは晩年に「反哲学」を提唱した。

すでに19世紀後半においてニーチェは、古代ギリシャのプラトンにまで遡り、現実世界の背後に超越的な神やイデアを想定する形而上学は、弱者の捏造した虚構であり、すべて価値のないニヒリズムの産物だと批判していた。してみれば「神は死んだ」というニーチェの診断は、形而上学としての哲学に対する死亡宣告でもあったことになる。

反哲学

ニーチェの「神は死んだ」という言葉から発生した考え。

構造主義

社会のシステムで人間を知る。

ポスト構造主義

人間中心の哲学の認識論を超える。

反哲学としての現代思想

メルロ＝ポンティの反哲学の企ては、「哲学は終わった」というニーチェのこの宣告を正面から引き受けようとしたもの。残念ながら、その試みはメルロ＝ポンティの急逝によって未完に終わった。

ただ、彼の死の前後にフランスで勃興した構造主義やポスト構造主義といった現代思想の流れは、広い意味で「反哲学」の多様な実践であったと見ることができるだろう。

現代思想とは何かと聞かれたら

ニーチェの「神は死んだ」から始まる「反哲学」の流れだと答えよう

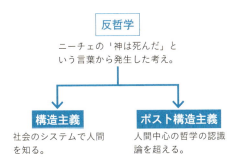

索引

あとがき

今回の執筆は大変な難産だった。細かい事情はおくが、計画が二転三転し、執筆の体制から編集の体制までもがガラガラと崩れてゆき、一時は刊行自体が危ぶまれる（と個人的には感じられた）ほどだった。

話は急に変わるが、21世紀になって、哲学のありかたも急激に変わりつつあるように思う。ポスト構造主義以降、世界的に影響力をもつ特定の学派や師と言える存在はもはや見あたらない（その意味ではポスト構造主義という名称自体がその先駆けだったとも言えよう）。そのつどの時務的な問題に応じて局所的な思考が単発的にいとなまれては流れさってゆくように見える（「はじめに」で、編年体スタイルを採らないと述べた理由の一端はそこにもある）昨今だ。

それが時代の要請であればいたしかたのないことだが、だからこそ哲学は古くて新しい学問として、流行り廃りとは無縁にありつづけるのだろう（というか、そうあってほしいと言うべきか）。

最後に、ミカブックス編集担当の宇佐美由樹さんとイラスト担当の伊藤美穂さんには多大なるご迷惑をおかけした。本文の大幅な書きかえのたびに一からイラストを構想しなおすのはさぞかし大変な作業であったことと思う。本当にありがとうございました。

小須田　健

アウグスティヌス、服部英二郎訳『告白』岩波書店、1976 年
アダム・スミス、大河内一男訳『国富論』中央公論新社、1978 年
アラン、神谷幹夫訳『幸福論』岩波書店、1998 年
アリストテレス、高田三郎訳『ニコマコス倫理学』岩波書店、1973 年
アリストテレス、松本仁助・岡道男訳『詩学』岩波書店、1997 年
アルトゥル・ショーペンハウアー、西尾幹二訳『意志と表象としての世界』中央公論新社、2004 年
アンドレ・コント＝スポンヴィル、木田元・小須田健・コリーヌ・カンタン訳『幸福は絶望のうえに』紀伊國屋書店、2004 年
アンリ＝ルイ・ベルクソン、中村文郎訳『時間と自由』岩波書店、2001 年
イマヌエル・カント、熊野純彦訳『判断力批判』作品社、2015 年
イマヌエル・カント、中山元訳『永遠平和のために／啓蒙とは何か』光文社、2006 年
イマヌエル・カント、中山元訳『実践理性批判』光文社、2013 年
エーリヒ・フロム、日高六郎訳『自由からの逃走』東京創元社、1951 年
エドムント・フッサール、立松弘孝訳『内的時間意識の現象学』みすず書房、1967 年
エドワード・サイード、今沢紀子訳『オリエンタリズム』平凡社、1986 年
エルンスト・カッシーラー、生松敬三・木田元・村岡晋一訳『シンボル形式の哲学』岩波書店、2010 年
カール・シュミット、田中浩・原田武雄訳『政治的なものの概念』未来社、1970 年
カール・ヒルティ、草間平作訳『幸福論』岩波書店、1965 年
カール・フォン・クラウゼヴィッツ、清水多吉訳『戦争論』中央公論新社、2001 年
カール・ポパー、藤本隆志・石垣壽郎・森博訳『推測と反駁』法政大学出版局、2009 年
カール・マルクス、向坂逸郎訳『資本論』岩波書店、1969 年
クロード・レヴィ＝ストロース、大橋保夫訳『野生の思考』みすず書房、1976 年
ゲオルグ・ジンメル、元浜清海・居安正・向井守訳『貨幣の哲学』白水社、1978 年
ゲオルグ・ヴィルヘルム・フリードリヒ・ヘーゲル、熊野純彦訳『精神現象学』筑摩書房、2018 年
ゲオルグ・ヴィルヘルム・フリードリヒ・ヘーゲル、長谷川宏訳『歴史哲学講義』岩波書店、1994 年
ゴットフリート・ヴィルヘルム・ライプニッツ、谷川多佳子・岡部英男訳『モナドロジー』岩波書店、2019 年
シモーヌ・ド・ボーヴォワール、『第二の性』を原文で読み直す会訳『第二の性』新潮社、2001 年
ジークムント・フロイト、高橋義孝・下坂幸三訳『精神分析入門』新潮社、1977 年
ジャック・デリダ、高橋哲哉・鵜飼哲訳『他の岬　ヨーロッパと民主主義』みすず書房、1993 年
ジャン＝ジャック・ルソー、今野一雄訳『エミール』岩波書店、1962 年
ジャン＝ポール・サルトル、伊吹武彦訳『実存主義とは何か』人文書院、1996 年
ジュディス・バトラー、竹村和子訳『ジェンダー・トラブル―フェミニズムとアイデンティティの攪乱』青土社、1999 年
ジョージ・バークリー、下條信輔・植村恒一郎・一之瀬正樹訳『視覚新論』勁草書房、1990 年
ジョルジュ・カンギレム、滝沢武久訳『正常と病理』法政大学出版局、1987 年
ジョン・デューイ、宮原誠一訳『学校と社会』岩波書店、1957 年
ジョン・ロールズ、川本隆史・福間聡・神島裕子訳『正義論』紀伊國屋書店、2010 年
ジョン・ロック、加藤節訳『統治二論』岩波書店、2007 年
ゼーレン・キルケゴール、斎藤信治訳『死に至る病』岩波書店、1957 年
テオドール・アドルノ、徳永恂訳『啓蒙の弁証法』岩波書店、2007 年
トマス・ネーゲル、永井均訳『コウモリであるとはどのようなことか』勁草書房、1989 年
ノーウッド・ラッセル・ハンソン、村上陽一郎訳『科学的発見のパターン』講談社、1986 年
ハンナ・アーレント、志水速雄訳『人間の条件』筑摩書房、1994 年
バートランド・ラッセル、安藤貞夫訳『幸福論』岩波書店、1991 年
フランシス・ベーコン、桂寿一訳『ノヴム・オルガヌム』岩波書店、1978 年
フリードリヒ・ニーチェ、原佑訳『権力への意志』筑摩書房、1993 年
プラトン、久保勉訳『饗宴』岩波書店、1952 年
プラトン、森進一・池田美恵・加来彰俊訳『法律』岩波書店、1993 年
マイケル・サンデル、鬼澤忍訳『これからの「正義」の話をしよう』早川書房、2011 年
マルティン・ハイデガー、細谷貞雄訳『存在と時間』筑摩書房、1994 年
ミシェル・ド・モンテーニュ、原二郎訳『エセー』岩波書店、1965 年
ミシェル・フーコー、田村俶訳『監獄の誕生―監視と処罰』新潮社、1977 年
ミシェル・フーコー、田村俶訳『狂気の歴史』新潮社、1975 年
ミハイ・チクセントミハイ、今村浩明訳『フロー体験　喜びの現象学』世界思想社、1996 年
モーリス・メルロ＝ポンティ、竹内芳郎・小木貞孝訳『知覚の現象学 1』みすず書房、1967 年
モーリス・メルロ＝ポンティ、竹内芳郎・宮本忠夫・木田元訳『知覚の現象学 2』みすず書房、1974 年
ヤーコプ・フォン・ユクスキュル、日高敏隆・羽田節子訳『生物から見た世界』岩波書店、2005 年
ヨハン・ヴォルフガング・フォン・ゲーテ、木村直司訳『色彩論』筑摩書房、2001 年
ラース・スヴェンゼン、小須田健訳『働くことの哲学』紀伊國屋書店、2016 年
ルートヴィヒ・アンドレアス・フォイエルバッハ、船山信一訳『キリスト教の本質』岩波書店、1948 年
ルートヴィヒ・ウィトゲンシュタイン、丘沢静也訳『哲学探究』岩波書店、2013 年
ルートヴィヒ・ウィトゲンシュタイン、黒田亘・菅豊彦訳『確実性の問題』大修館書店、1975 年
ルートヴィヒ・ウィトゲンシュタイン、野矢茂樹訳『論理哲学論考』岩波書店、2003 年
ルネ・デカルト、谷川多佳子訳『方法序説』岩波書店、1997 年
ヴァルター・ベンヤミン、山口裕之訳『ベンヤミン・アンソロジー』河出書房新社、2011 年
小川仁志『図解　使える哲学』KADOKAWA/ 中経出版、2014 年
田中正人、斎藤哲也編『続・哲学用語図鑑―中国・日本・英米（分析哲学）編』プレジデント社、2017 年
田中正人、斎藤哲也編『哲学用語図鑑』プレジデント社、2015 年

著者

小須田健

1964年神奈川県生まれ。中央大学大学院博士課程単位取得退学。中央大学、清泉女子大学、東京情報大学、実践女子大学ほか非常勤講師。著書に、『面白いほどよくわかる図解世界の哲学・思想』ほか。訳書に、アンドレ・コント=スポンヴィル『哲学』(共訳、白水社)、ウィル・バッキンガム『哲学大図鑑』(三省堂)、ローゼンツヴァイク『救済の星』(共訳、みすず書房) など。

哲学の解剖図鑑

2019年10月7日　初版第1刷発行
2020年7月8日　第3刷発行

著者　小須田健

発行者　澤井聖一

発行所　株式会社エクスナレッジ
〒106-0032
東京都港区六本木7-2-26
http://www.xknowledge.co.jp/

問合せ先　編集　Tel:03-3403-1381
Fax:03-3403-1345
販売　Tel:03-3403-1321
Fax:03-3403-1829
MAIL info@xknowledge.co.jp